I0176458

ROEMEENS

WOORDENSCHAT

NEDERLANDS ROEMEENS

De meest bruikbare woorden
Om uw woordenschat uit te breiden en
uw taalvaardigheid aan te scherpen

3000 woorden

Thematische woordenschat Nederlands-Roemeens - 3000 woorden

Door Andrey Taranov

Woordenlijsten van T&P Books zijn bedoeld om u woorden van een vreemde taal te helpen leren, onthouden, en bestudering. Dit woordenboek is ingedeeld in thema's en behandelt alle belangrijk terreinen van het dagelijkse leven, bedrijven, wetenschap, cultuur, etc.

Het proces van het leren van woorden met behulp van de op thema's gebaseerde aanpak van T&P Books biedt u de volgende voordelen:

- Correct gegroepeerde informatie is bepalend voor succes bij opeenvolgende stadia van het leren van woorden
- De beschikbaarheid van woorden die van dezelfde stam zijn maakt het mogelijk om woordgroepen te onthouden (in plaats van losse woorden)
- Kleine groepen van woorden faciliteren het proces van het aanmaken van associatieve verbindingen, die nodig zijn bij het consolideren van de woordenschat
- Het niveau van talenkennis kan worden ingeschat door het aantal geleerde woorden

T&P Books Publishing
www.tpbooks.com

ISBN: 978-1-78492-389-1

Dit boek is ook beschikbaar in e-boek formaat.
Gelieve www.tpbooks.com te bezoeken of de belangrijkste online boekwinkels.

ROEMEENSE WOORDENSCHAT
nieuwe woorden leren

T&P Books woordenlijsten zijn bedoeld om u te helpen vreemde woorden te leren, te onthouden, en te bestuderen. De woordenschat bevat meer dan 3000 veel gebruikte woorden die thematisch geordend zijn.

- De woordenlijst bevat de meest gebruikte woorden
- Aanbevolen als aanvulling bij welke taalcursus dan ook
- Voldoet aan de behoeften van de beginnende en gevorderde student in vreemde talen
- Geschikt voor dagelijks gebruik, bestudering en zelftestactiviteiten
- Maakt het mogelijk om uw woordenschat te evalueren

Bijzondere kenmerken van de woordenschat

- De woorden zijn gerangschikt naar hun betekenis, niet volgens alfabet
- De woorden worden weergegeven in drie kolommen om bestudering en zelftesten te vergemakkelijken
- Woorden in groepen worden verdeeld in kleine blokken om het leerproces te vergemakkelijken
- De woordenschat biedt een handige en eenvoudige beschrijving van elk buitenlands woord

De woordenschat bevat 101 onderwerpen zoals:

Basisconcepten, getallen, kleuren, maanden, seizoenen, meeteenheden, kleding en accessoires, eten & voeding, restaurant, familieleden, verwanten, karakter, gevoelens, emoties, ziekten, stad, dorp, bezienswaardigheden, winkelen, geld, huis, thuis, kantoor, werken op kantoor, import & export, marketing, werk zoeken, sport, onderwijs, computer, internet, gereedschap, natuur, landen, nationaliteiten en meer ...

INHOUDSOPGAVE

UITSPRAAKGIDS

T&P fonetisch alfabet	Roemeens voorbeeld	Nederlands voorbeeld
[a]	arbust [ar'bust]	acht
[e]	a merge [a 'merdʒe]	delen, spreken
[ə]	brăţară [brə'tsarə]	De sjwa, 'doffe e'
[i]	impozit [im'pozit]	bidden, tint
[ɨ]	cuvânt [ku'vint]	iemand, die
[o]	avocat [avo'kat]	overeenkomst
[u]	fluture ['fluture]	hoed, doe
[b]	bancă ['bankə]	hebben
[d]	durabil [du'rabil]	Dank u, honderd
[dʒ]	gemeni ['dʒemenʲ]	jeans, jungle
[f]	frizer [fri'zer]	feestdag, informeren
[g]	gladiolă [gladi'olə]	goal, tango
[ʒ]	jucător [ʒukə'tor]	journalist, rouge
[h]	pahar [pa'har]	het, herhalen
[k]	actor [ak'tor]	kennen, kleur
[l]	clopot ['klopot]	delen, luchter
[m]	mobilă ['mobilə]	morgen, etmaal
[n]	nuntă ['nuntə]	nemen, zonder
[p]	profet [pro'fet]	parallel, koper
[r]	roată [ro'atə]	roepen, breken
[s]	salată [sa'latə]	spreken, kosten
[ʃ]	cleştişor [kleʃti'ʃor]	shampoo, machine
[t]	statuie [sta'tue]	tomaat, taart
[ts]	forţă ['fortsə]	niets, plaats
[tʃ]	optzeci [opt'zetʃi]	Tsjechië, cello
[v]	valiză [va'lizə]	beloven, schrijven
[z]	zmeură ['zmeurə]	zeven, zesde
[j]	foios [fo'jos]	New York, januari
[ʲ]	zori [zorʲ]	palatalisatie teken

AFKORTINGEN
gebruikt in de woordenschat

Nederlandse afkortingen

abn	-	als bijvoeglijk naamwoord
bijv.	-	bijvoorbeeld
bn	-	bijvoeglijk naamwoord
bw	-	bijwoord
enk.	-	enkelvoud
enz.	-	enzovoort
form.	-	formele taal
inform.	-	informele taal
mann.	-	mannelijk
mil.	-	militair
mv.	-	meervoud
on.ww.	-	onovergankelijk werkwoord
ontelb.	-	ontelbaar
ov.	-	over
ov.ww.	-	overgankelijk werkwoord
telb.	-	telbaar
vn	-	voornaamwoord
vrouw.	-	vrouwelijk
vw	-	voegwoord
vz	-	voorzetsel
wisk.	-	wiskunde
ww	-	werkwoord

Nederlandse artikelen

de	-	gemeenschappelijk geslacht
de/het	-	gemeenschappelijk geslacht, onzijdig
het	-	onzijdig

Roemeense afkortingen

f	-	vrouwelijk zelfstandig naamwoord
f pl	-	vrouwelijk meervoud
m	-	mannelijk zelfstandig naamwoord
m pl	-	mannelijk meervoud
n	-	onzijdig

n pl	-	onzijdig meervoud
pl	-	meervoud

BASISBEGRIPPEN

1. Voornaamwoorden

ik	eu	[eu]
jij, je	tu	[tu]
hij	el	[el]
zij, ze	ea	[ⁱa]
wij, we	noi	[noj]
jullie	voi	['voj]
zij, ze (mann.)	ei	['ej]
zij, ze (vrouw.)	ele	['ele]

2. Begroetingen. Begroetingen

Hallo! Dag!	Bună ziua!	['bunə 'ziwa]
Hallo!	Bună ziua!	['bunə 'ziwa]
Goedemorgen!	Bună dimineața!	['bunə dimiⁱnⁱatsa]
Goedemiddag!	Bună ziua!	['bunə 'ziwa]
Goedenavond!	Bună seara!	['bunə 'sⁱara]
gedag zeggen (groeten)	a se saluta	[a se salu'ta]
Hoi!	Salut!	[sa'lut]
groeten (het)	salut (n)	[sa'lut]
verwelkomen (ww)	a saluta	[a salu'ta]
Hoe gaat het?	Ce mai faci?	[tʃie maj 'fatʃi]
Is er nog nieuws?	Ce mai e nou?	[tʃe maj e 'nou]
Dag! Tot ziens!	La revedere!	[la reve'dere]
Tot snel! Tot ziens!	Pe curând!	[pe ku'rind]
Vaarwel! (inform.)	Rămâi cu bine!	[rə'mij ku 'bine]
Vaarwel! (form.)	Rămâneți cu bine!	[rəmiⁱ'nets ku 'bine]
afscheid nemen (ww)	a-și lua rămas bun	[aʃ lu'a rə'mas bun]
Tot kijk!	Pa!	[pa]
Dank u!	Mulțumesc!	[multsu'mesk]
Dank u wel!	Mulțumesc mult!	[multsu'mesk mult]
Graag gedaan	Cu plăcere	[ku plə'tʃere]
Geen dank!	Pentru puțin	['pentru pu'tsin]
Geen moeite.	Pentru puțin	['pentru pu'tsin]
Excuseer me, ... (inform.)	Scuză-mă!	['skuzəmə]
Excuseer me, ... (form.)	Scuzați-mă!	[sku'zatsimə]
excuseren (verontschuldigen)	a scuza	[a sku'za]
zich verontschuldigen	a cere scuze	[a 'tʃere 'skuze]
Mijn excuses.	Cer scuze	[tʃer 'skuze]

11

Het spijt me!	Lertaţi-mă!	[er'tatsimə]
vergeven (ww)	a ierta	[a er'ta]
alsjeblieft	vă rog	[və rog]

Vergeet het niet!	Nu uitaţi!	[nu uj'tatsʲ]
Natuurlijk!	Desigur!	[de'sigur]
Natuurlijk niet!	Desigur ca nu!	[de'sigur kə nu]
Akkoord!	Sunt de acord!	[sunt de a'kord]
Zo is het genoeg!	Ajunge!	[a'ʒundʒe]

3. Vragen

Wie?	Cine?	['ʧine]
Wat?	Ce?	[ʧe]
Waar?	Unde?	['unde]
Waarheen?	Unde?	['unde]
Waarvandaan?	De unde?	[de 'unde]
Wanneer?	Când?	[kind]
Waarom?	Pentru ce?	['pentru ʧe]
Waarom?	De ce?	[de ʧe]

Waarvoor dan ook?	Pentru ce?	['pentru ʧe]
Hoe?	Cum?	[kum]
Wat voor ...?	Care?	['kare]
Welk?	Care?	['kare]

Aan wie?	Cui?	[kuj]
Over wie?	Despre cine?	['despre 'ʧine]
Waarover?	Despre ce?	['despre ʧe]
Met wie?	Cu cine?	[ku 'ʧine]

Hoeveel? (ontelb.)	Câţi? Câte?	[kits], ['kite]
Van wie? (mann.)	Al cui?	['al kuj]
Van wie? (vrouw.)	A cui?	[a kuj]
Van wie? (mv.)	Ai cui?, Ale cui?	[aj kuj], ['ale kuj]

4. Voorzetsels

met (bijv. ~ beleg)	cu	[ku]
zonder (~ accent)	fără	[fərə]
naar (in de richting van)	la	[la]
over (praten ~)	despre	['despre]
voor (in tijd)	înainte de	[ina'inte de]
voor (aan de voorkant)	înaintea	[ina'intʲa]

onder (lager dan)	sub	[sub]
boven (hoger dan)	deasupra	[dʲa'supra]
op (bovenop)	pe	[pe]
van (uit, afkomstig van)	din	[din]
van (gemaakt van)	din	[din]
over (bijv. ~ een uur)	peste	['peste]
over (over de bovenkant)	prin	[prin]

5. Functiewoorden. Bijwoorden. Deel 1

Waar?	Unde?	['unde]
hier (bw)	aici	[a'itʃi]
daar (bw)	acolo	[a'kolo]

ergens (bw)	undeva	[unde'va]
nergens (bw)	nicăieri	[nikə'erʲ]

bij ... (in de buurt)	lângă ...	['lɨngə]
bij het raam	lângă fereastră	['lɨngə fe'rʲastrə]

Waarheen?	Unde?	['unde]
hierheen (bw)	aici	[a'itʃi]
daarheen (bw)	acolo	[a'kolo]
hiervandaan (bw)	de aici	[de a'itʃi]
daarvandaan (bw)	de acolo	[de a'kolo]

dichtbij (bw)	aproape	[apro'ape]
ver (bw)	departe	[de'parte]

in de buurt (van ...)	alături	[a'lətur']
dichtbij (bw)	alături	[a'lətur']
niet ver (bw)	aproape	[apro'ape]

linker (bn)	stâng	[stɨng]
links (bw)	din stânga	[din 'stɨnga]
linksaf, naar links (bw)	în stânga	[ɨn 'stɨnga]

rechter (bn)	drept	[drept]
rechts (bw)	din dreapta	[din 'drʲapta]
rechtsaf, naar rechts (bw)	în dreapta	[ɨn 'drʲapta]

vooraan (bw)	în faţă	[ɨn 'fatsə]
voorste (bn)	din faţă	[din 'fatsə]
vooruit (bw)	înainte	[ɨna'inte]

achter (bw)	în urmă	[ɨn 'urmə]
van achteren (bw)	din spate	[din 'spate]
achteruit (naar achteren)	înapoi	[ɨna'poj]

midden (het)	mijloc (n)	['miʒlok]
in het midden (bw)	la mijloc	[la 'miʒlok]

opzij (bw)	dintr-o parte	['dintro 'parte]
overal (bw)	peste tot	['peste tot]
omheen (bw)	în jur	[ɨn ʒur]

binnenuit (bw)	dinăuntru	[dinə'untru]
naar ergens (bw)	undeva	[unde'va]
rechtdoor (bw)	direct	[di'rekt]
terug (bijv. ~ komen)	înapoi	[ɨna'poj]
ergens vandaan (bw)	de undeva	[de unde'va]
ergens vandaan (en dit geld moet ~ komen)	de undeva	[de unde'va]

ten eerste (bw)	în primul rând	[in 'primul rind]
ten tweede (bw)	în al doilea rând	[in al 'dojlʲa rind]
ten derde (bw)	în al treilea rând	[in al 'trejlʲa rind]

plotseling (bw)	deodată	[deo'datə]
in het begin (bw)	la început	[la intʃe'put]
voor de eerste keer (bw)	prima dată	['prima 'datə]
lang voor ... (bw)	cu mult timp înainte de ...	[ku mult timp ina'inte de]
opnieuw (bw)	din nou	[din 'nou]
voor eeuwig (bw)	pentru totdeauna	['pentru totdʲa'una]

nooit (bw)	niciodată	[nitʃio'datə]
weer (bw)	iarăşi	['jarəʃ]
nu (bw)	acum	[a'kum]
vaak (bw)	des	[des]
toen (bw)	atunci	[a'tuntʃi]
urgent (bw)	urgent	[ur'dʒent]
meestal (bw)	de obicei	[de obi'tʃej]

trouwens, ... (tussen haakjes)	apropo	[apro'po]
mogelijk (bw)	posibil	[po'sibil]
waarschijnlijk (bw)	probabil	[pro'babil]
misschien (bw)	poate	[po'ate]
trouwens (bw)	în afară de aceasta, ...	[in a'farə de a'tʃasta]
daarom ...	de aceea	[de a'tʃeja]
in weerwil van ...	deşi ...	[de'ʃi]
dankzij ...	datorită ...	[dato'ritə]

wat (vn)	ce	[tʃe]
dat (vw)	că	[kə]
iets (vn)	ceva	[tʃe'va]
iets	ceva	[tʃe'va]
niets (vn)	nimic	[ni'mik]

wie (~ is daar?)	cine	['tʃine]
iemand (een onbekende)	cineva	[tʃine'va]
iemand (een bepaald persoon)	cineva	[tʃine'va]

niemand (vn)	nimeni	['nimenʲ]
nergens (bw)	nicăieri	[nikə'erʲ]
niemands (bn)	al nimănui	[al nimə'nuj]
iemands (bn)	al cuiva	[al kuj'va]

zo (Ik ben ~ blij)	aşa	[a'ʃa]
ook (evenals)	de asemenea	[de a'semenʲa]
alsook (eveneens)	la fel	[la fel]

6. Functiewoorden. Bijwoorden. Deel 2

Waarom?	De ce?	[de tʃe]
om een bepaalde reden	nu se ştie de ce	[nu se 'ʃtie de tʃe]
omdat ...	pentru că ...	['pentru kə]

voor een bepaald doel	**cine ştie pentru ce**	['tʃine 'ʃtie 'pentru tʃe]
en (vw)	**şi**	[ʃi]
of (vw)	**sau**	['sau]
maar (vw)	**dar**	[dar]
voor (vz)	**pentru**	['pentru]
te (~ veel mensen)	**prea**	[pr'a]
alleen (bw)	**numai**	['numaj]
precies (bw)	**exact**	[e'gzakt]
ongeveer (~ 10 kg)	**vreo**	['vrəo]
omstreeks (bw)	**aproximativ**	[aproksima'tiv]
bij benadering (bn)	**aproximativ**	[aproksima'tiv]
bijna (bw)	**aproape**	[apro'ape]
rest (de)	**restul**	['restul]
elk (bn)	**fiecare**	[fie'kare]
om het even welk	**oricare**	[ori'kare]
veel (grote hoeveelheid)	**mult**	[mult]
veel mensen	**mulţi**	[mulʦ]
iedereen (alle personen)	**toţi**	[toʦ]
in ruil voor ...	**în schimb la ...**	[ɨn 'skimb la]
in ruil (bw)	**în schimbul**	[ɨn 'skimbul]
met de hand (bw)	**manual**	[manu'al]
onwaarschijnlijk (bw)	**puţin probabil**	[pu'ʦin pro'babil]
waarschijnlijk (bw)	**probabil**	[pro'babil]
met opzet (bw)	**intenţionat**	[intenʦio'nat]
toevallig (bw)	**întâmplător**	[ɨntɨmplə'tor]
zeer (bw)	**foarte**	[fo'arte]
bijvoorbeeld (bw)	**de exemplu**	[de e'gzemplu]
tussen (~ twee steden)	**între**	['intre]
tussen (te midden van)	**printre**	['printre]
zoveel (bw)	**atât**	[a'tit]
vooral (bw)	**mai ales**	[maj a'les]

GETALLEN. DIVERSEN

7. Kardinale getallen. Deel 1

nul	zero	['zero]
een	unu	['unu]
twee	doi	[doj]
drie	trei	[trej]
vier	patru	['patru]

vijf	cinci	[ʧinʧ]
zes	şase	['ʃase]
zeven	şapte	['ʃapte]
acht	opt	[opt]
negen	nouă	['nowə]

tien	zece	['zeʧe]
elf	unsprezece	['unsprezeʧe]
twaalf	doisprezece	['dojsprezeʧe]
dertien	treisprezece	['trejsprezeʧe]
veertien	paisprezece	['pajsprezeʧe]

vijftien	cincisprezece	['ʧinʧsprezeʧe]
zestien	şaisprezece	['ʃajsprezeʧe]
zeventien	şaptesprezece	['ʃaptesprezeʧe]
achttien	optsprezece	['optsprezeʧe]
negentien	nouăsprezece	['nowəsprezeʧe]

twintig	douăzeci	[dowə'zeʧi]
eenentwintig	douăzeci şi unu	[dowə'zeʧi ʃi 'unu]
tweeëntwintig	douăzeci şi doi	[dowə'zeʧi ʃi doj]
drieëntwintig	douăzeci şi trei	[dowə'zeʧi ʃi trej]

dertig	treizeci	[trej'zeʧi]
eenendertig	treizeci şi unu	[trej'zeʧi ʃi 'unu]
tweeëndertig	treizeci şi doi	[trej'zeʧi ʃi doj]
drieëndertig	treizeci şi trei	[trej'zeʧi ʃi trej]

veertig	patruzeci	[patru'zeʧi]
eenenveertig	patruzeci şi unu	[patru'zeʧi ʃi 'unu]
tweeënveertig	patruzeci şi doi	[patru'zeʧi ʃi doj]
drieënveertig	patruzeci şi trei	[patru'zeʧi ʃi trej]

vijftig	cincizeci	[ʧinʧ'zeʧ]
eenenvijftig	cincizeci şi unu	[ʧinʧ'zeʧ ʃi 'unu]
tweeënvijftig	cincizeci şi doi	[ʧinʧ'zeʧ ʃi doj]
drieënvijftig	cincizeci şi trei	[ʧinʧ'zeʧ ʃi trej]

| zestig | şaizeci | [ʃaj'zeʧi] |
| eenenzestig | şaizeci şi unu | [ʃaj'zeʧi ʃi 'unu] |

| tweeënzestig | şaizeci şi doi | [ʃaj'zetʃi ʃi doj] |
| drieënzestig | şaizeci şi trei | [ʃaj'zetʃi ʃi trej] |

zeventig	şaptezeci	[ʃapte'zetʃi]
eenenzeventig	şaptezeci şi unu	[ʃapte'zetʃi ʃi 'unu]
tweeënzeventig	şaptezeci şi doi	[ʃapte'zetʃi ʃi doj]
drieënzeventig	şaptezeci şi trei	[ʃapte'zetʃi ʃi trej]

tachtig	optzeci	[opt'zetʃi]
eenentachtig	optzeci şi unu	[opt'zetʃi ʃi 'unu]
tweeëntachtig	optzeci şi doi	[opt'zetʃi ʃi doj]
drieëntachtig	optzeci şi trei	[opt'zetʃi ʃi trej]

negentig	nouăzeci	[nowə'zetʃi]
eenennegentig	nouăzeci şi unu	[nowə'zetʃi ʃi 'unu]
tweeënnegentig	nouăzeci şi doi	[nowə'zetʃi ʃi doj]
drieënnegentig	nouăzeci şi trei	[nowə'zetʃi ʃi trej]

8. Kardinale getallen. Deel 2

honderd	o sută	[o 'sutə]
tweehonderd	două sute	['dowə 'sute]
driehonderd	trei sute	[trej 'sute]
vierhonderd	patru sute	['patru 'sute]
vijfhonderd	cinci sute	['tʃintʃ 'sute]

zeshonderd	şase sute	['ʃase 'sute]
zevenhonderd	şapte sute	['ʃapte 'sute]
achthonderd	opt sute	[opt 'sute]
negenhonderd	nouă sute	['nowə 'sute]

duizend	o mie	[o 'mie]
tweeduizend	două mii	['dowə mij]
drieduizend	trei mii	[trej mij]
tienduizend	zece mii	['zetʃe mij]
honderdduizend	o sută de mii	[o 'sutə de mij]
miljoen (het)	milion (n)	[mi'ljon]
miljard (het)	miliard (n)	[mi'ljard]

9. Ordinale getallen

eerste (bn)	primul	['primul]
tweede (bn)	al doilea	[al 'dojlʲa]
derde (bn)	al treilea	[al 'trejlʲa]
vierde (bn)	al patrulea	[al 'patrulʲa]
vijfde (bn)	al cincilea	[al 'tʃintʃilʲa]

zesde (bn)	al şaselea	[al 'ʃaselʲa]
zevende (bn)	al şaptelea	[al 'ʃaptelʲa]
achtste (bn)	al optulea	[al 'optulʲa]
negende (bn)	al nouălea	[al 'nowəlʲa]
tiende (bn)	al zecelea	[al 'zetʃelʲa]

17

KLEUREN. MEETEENHEDEN

10. Kleuren

kleur (de)	culoare (f)	[kulo'are]
tint (de)	nuanţă (f)	[nu'antsə]
kleurnuance (de)	ton (n)	[ton]
regenboog (de)	curcubeu (n)	[kurku'beu]
wit (bn)	alb	[alb]
zwart (bn)	negru	['negru]
grijs (bn)	sur	['sur]
groen (bn)	verde	['verde]
geel (bn)	galben	['galben]
rood (bn)	roşu	['roʃu]
blauw (bn)	albastru închis	[al'bastru i'nkis]
lichtblauw (bn)	albastru deschis	[al'bastru des'kis]
roze (bn)	roz	['roz]
oranje (bn)	portocaliu	[portoka'lju]
violet (bn)	violet	[vio'let]
bruin (bn)	cafeniu	[kafe'nju]
goud (bn)	de culoarea aurului	[de kulo'arⁱa 'auruluj]
zilverkleurig (bn)	argintiu	[ardʒin'tju]
beige (bn)	bej	[beʒ]
roomkleurig (bn)	crem	[krem]
turkoois (bn)	turcoaz	[turko'az]
kersrood (bn)	vişiniu	[viʃi'nju]
lila (bn)	lila	[li'la]
karmijnrood (bn)	de culoarea zmeurei	[de kulo'arⁱa 'zmeurej]
licht (bn)	de culoare deschisă	[de kulo'are des'kisə]
donker (bn)	de culoare închisă	[de kulo'are i'nkisə]
fel (bn)	aprins	[a'prins]
kleur-, kleurig (bn)	colorat	[kolo'rat]
kleuren- (abn)	color	[ko'lor]
zwart-wit (bn)	alb-negru	[alb 'negru]
eenkleurig (bn)	monocrom	[mono'krom]
veelkleurig (bn)	multicolor	[multiko'lor]

11. Meeteenheden

gewicht (het)	greutate (f)	[greu'tate]
lengte (de)	lungime (f)	[lun'dʒime]

breedte (de)	lăţime (f)	[lə'ʦime]
hoogte (de)	înălţime (f)	[inəl'ʦime]
diepte (de)	adâncime (f)	[adin'ʧime]
volume (het)	volum (n)	[vo'lum]
oppervlakte (de)	suprafaţă (f)	[supra'faʦə]

gram (het)	gram (n)	[gram]
milligram (het)	miligram (n)	[mili'gram]
kilogram (het)	kilogram (n)	[kilo'gram]
ton (duizend kilo)	tonă (f)	['tonə]
pond (het)	funt (m)	[funt]
ons (het)	uncie (f)	['unʧie]

meter (de)	metru (m)	['metru]
millimeter (de)	milimetru (m)	[mili'metru]
centimeter (de)	centimetru (m)	[ʧenti'metru]
kilometer (de)	kilometru (m)	[kilo'metru]
mijl (de)	milă (f)	['milə]

duim (de)	ţol (m)	[ʦol]
voet (de)	picior (m)	[pi'ʧior]
yard (de)	yard (m)	[jard]

vierkante meter (de)	metru (m) pătrat	['metru pə'trat]
hectare (de)	hectar (n)	[hek'tar]

liter (de)	litru (m)	['litru]
graad (de)	grad (n)	[grad]
volt (de)	volt (m)	[volt]
ampère (de)	amper (m)	[am'per]
paardenkracht (de)	cal-putere (m)	[kal pu'tere]

hoeveelheid (de)	cantitate (f)	[kanti'tate]
een beetje …	puţin …	[pu'ʦin]
helft (de)	jumătate (f)	[ʒumə'tate]
dozijn (het)	duzină (f)	[du'zinə]
stuk (het)	bucată (f)	[bu'katə]

afmeting (de)	dimensiune (f)	[dimensi'une]
schaal (bijv. ~ van 1 op 50)	proporţie (f)	[pro'porʦie]

minimaal (bn)	minim	['minim]
minste (bn)	cel mai mic	[ʧel maj mik]
medium (bn)	de, din mijloc	[de, din 'miʒlok]
maximaal (bn)	maxim	['maksim]
grootste (bn)	cel mai mare	[ʧel maj 'mare]

12. Containers

glazen pot (de)	borcan (n)	[bor'kan]
blik (conserven~)	cutie (f)	[ku'tie]
emmer (de)	găleată (f)	[gə'lʲatə]
ton (bijv. regenton)	butoi (n)	[bu'toj]
ronde waterbak (de)	lighean (n)	[li'gʲan]

tank (bijv. watertank-70-ltr)	rezervor (n)	[rezer'vor]
heupfles (de)	damigeană (f)	[dami'dʒanə]
jerrycan (de)	canistră (f)	[ka'nistrə]
tank (bijv. ketelwagen)	cisternă (f)	[tʃis'ternə]
beker (de)	cană (f)	['kanə]
kopje (het)	ceaşcă (f)	['tʃaʃkə]
schoteltje (het)	farfurioară (f)	[farfurio'arə]
glas (het)	pahar (n)	[pa'har]
wijnglas (het)	cupă (f)	['kupə]
pan (de)	cratiţă (f)	['kratitsə]
fles (de)	sticlă (f)	['stiklə]
flessenhals (de)	gâtul (n) sticlei	['gɨtul 'stiklej]
karaf (de)	garafă (f)	[ga'rafə]
kruik (de)	ulcior (n)	[ul'tʃior]
vat (het)	vas (n)	[vas]
pot (de)	oală (f)	[o'alə]
vaas (de)	vază (f)	['vazə]
flacon (de)	flacon (n)	[fla'kon]
flesje (het)	sticluţă (f)	[sti'klutsə]
tube (bijv. ~ tandpasta)	tub (n)	[tub]
zak (bijv. ~ aardappelen)	sac (m)	[sak]
tasje (het)	pachet (n)	[pa'ket]
pakje (~ sigaretten, enz.)	pachet (n)	[pa'ket]
doos (de)	cutie (f)	[ku'tie]
kist (de)	ladă (f)	['ladə]
mand (de)	coş (n)	[koʃ]

BELANGRIJKSTE WERKWOORDEN

13. De belangrijkste werkwoorden. Deel 1

aanbevelen (ww)	a recomanda	[a rekoman'da]
aandringen (ww)	a insista	[a insis'ta]
aankomen (per auto, enz.)	a sosi	[a so'si]
aanraken (ww)	a atinge	[a a'tinʤe]
adviseren (ww)	a sfătui	[a sfətu'i]
afdalen (on.ww.)	a coborî	[a kobo'rɨ]
afslaan (naar rechts ~)	a întoarce	[a into'artʃe]
antwoorden (ww)	a răspunde	[a rəs'punde]
bang zijn (ww)	a se teme	[a se 'teme]
bedreigen	a ameninţa	[a amenin'tsa]
(bijv. met een pistool)		
bedriegen (ww)	a minţi	[a min'tsi]
beëindigen (ww)	a termina	[a termi'na]
beginnen (ww)	a începe	[a in'tʃepe]
begrijpen (ww)	a înţelege	[a intse'ledʒe]
beheren (managen)	a conduce	[a kon'dutʃe]
beledigen	a jigni	[a ʒig'ni]
(met scheldwoorden)		
beloven (ww)	a promite	[a pro'mite]
bereiden (koken)	a găti	[a gə'ti]
bespreken (spreken over)	a discuta	[a disku'ta]
bestellen (eten ~)	a comanda	[a koman'da]
bestraffen (een stout kind ~)	a pedepsi	[a pedep'si]
betalen (ww)	a plăti	[a plə'ti]
betekenen (beduiden)	a însemna	[a insem'na]
betreuren (ww)	a regreta	[a regre'ta]
bevallen (prettig vinden)	a plăcea	[a plə'tʃa]
bevelen (mil.)	a ordona	[a ordo'na]
bevrijden (stad, enz.)	a elibera	[a elibe'ra]
bewaren (ww)	a păstra	[a pəs'tra]
bezitten (ww)	a poseda	[a pose'da]
bidden (praten met God)	a se ruga	[a se ru'ga]
binnengaan (een kamer ~)	a intra	[a in'tra]
breken (ww)	a rupe	[a 'rupe]
controleren (ww)	a controla	[a kontro'la]
creëren (ww)	a crea	[a 'krɨa]
deelnemen (ww)	a participa	[a partitʃi'pa]
denken (ww)	a se gândi	[a se gin'di]
doden (ww)	a omorî	[a omo'rɨ]

doen (ww)	a face	[a 'fatʃe]
dorst hebben (ww)	a fi sete	[a fi 'sete]

14. De belangrijkste werkwoorden. Deel 2

een hint geven	a face aluzie	[a 'fatʃe a'luzie]
eisen (met klem vragen)	a cere	[a 'tʃere]
existeren (bestaan)	a exista	[a ekzis'ta]
gaan (te voet)	a merge	[a 'merdʒe]

gaan zitten (ww)	a se aşeza	[a se aʃe'za]
gaan zwemmen	a se scălda	[a se skəl'da]
geven (ww)	a da	[a da]
glimlachen (ww)	a zâmbi	[a zim'bi]
goed raden (ww)	a ghici	[a gi'tʃi]

grappen maken (ww)	a glumi	[a glu'mi]
graven (ww)	a săpa	[a sə'pa]

hebben (ww)	a avea	[a a'vⁱa]
helpen (ww)	a ajuta	[a aʒu'ta]
herhalen (opnieuw zeggen)	a repeta	[a repe'ta]
honger hebben (ww)	a fi foame	[a fi fo'ame]
hopen (ww)	a spera	[a spe'ra]
horen (waarnemen met het oor)	a auzi	[a au'zi]

huilen (wenen)	a plânge	[a 'plindʒe]
huren (huis, kamer)	a închiria	[a inkiri'ja]
informeren (informatie geven)	a informa	[a infor'ma]

instemmen (akkoord gaan)	a fi de acord	[a fi de a'kord]
jagen (ww)	a vâna	[a vⁱ'na]
kennen (kennis hebben van iemand)	a cunoaşte	[a kuno'aʃte]
kiezen (ww)	a alege	[a a'ledʒe]
klagen (ww)	a se plânge	[a se 'plindʒe]

kosten (ww)	a costa	[a kos'ta]
kunnen (ww)	a putea	[a pu'tⁱa]
lachen (ww)	a râde	[a 'ride]
laten vallen (ww)	a scăpa	[a skə'pa]
lezen (ww)	a citi	[a tʃi'ti]

liefhebben (ww)	a iubi	[a ju'bi]
lunchen (ww)	a lua prânzul	[a lu'a 'prinzul]
nemen (ww)	a lua	[a lu'a]
nodig zijn (ww)	a fi necesar	[a fi netʃe'sar]

15. De belangrijkste werkwoorden. Deel 3

onderschatten (ww)	a subaprecia	[a subapretʃi'a]
ondertekenen (ww)	a semna	[a sem'na]

ontbijten (ww)	a lua micul dejun	[a lu'a 'mikul de'ʒun]
openen (ww)	a deschide	[a des'kide]
ophouden (ww)	a înceta	[a antʃe'ta]
opmerken (zien)	a observa	[a obser'va]

opscheppen (ww)	a se lăuda	[a se ləu'da]
opschrijven (ww)	a nota	[a no'ta]
plannen (ww)	a planifica	[a planifi'ka]
prefereren (verkiezen)	a prefera	[a prefe'ra]
proberen (trachten)	a încerca	[a intʃer'ka]
redden (ww)	a salva	[a sal'va]

rekenen op ...	a conta pe ...	[a kon'ta pe]
rennen (ww)	a alerga	[a aler'ga]
reserveren	a rezerva	[a rezer'va]
(een hotelkamer ~)		
roepen (om hulp)	a chema	[a ke'ma]
schieten (ww)	a trage	[a 'tradʒə]
schreeuwen (ww)	a striga	[a stri'ga]

schrijven (ww)	a scrie	[a 'skrie]
souperen (ww)	a cina	[a tʃi'na]
spelen (kinderen)	a juca	[a ʒu'ka]
spreken (ww)	a vorbi	[a vor'bi]
stelen (ww)	a fura	[a fu'ra]
stoppen (pauzeren)	a se opri	[a se o'pri]

studeren (Nederlands ~)	a studia	[a studi'a]
sturen (zenden)	a trimite	[a tri'mite]
tellen (optellen)	a calcula	[a kalku'la]
toebehoren aan ...	a aparține	[a apar'tsine]
toestaan (ww)	a permite	[a per'mite]
tonen (ww)	a arăta	[a arə'ta]

twijfelen (onzeker zijn)	a se îndoi	[a se indo'i]
uitgaan (ww)	a ieşi	[a e'ʃi]
uitnodigen (ww)	a invita	[a invi'ta]
uitspreken (ww)	a pronunța	[a pronun'tsa]
uitvaren tegen (ww)	a certa	[a tʃer'ta]

16. De belangrijkste werkwoorden. Deel 4

vallen (ww)	a cădea	[a kə'dʲa]
vangen (ww)	a prinde	[a 'prinde]
veranderen (anders maken)	a schimba	[a skim'ba]
verbaasd zijn (ww)	a se mira	[a se mi'ra]
verbergen (ww)	a ascunde	[a as'kunde]

verdedigen (je land ~)	a apăra	[a apə'ra]
verenigen (ww)	a uni	[a u'ni]
vergelijken (ww)	a compara	[a kompa'ra]
vergeten (ww)	a uita	[a uj'ta]
vergeven (ww)	a ierta	[a er'ta]
verklaren (uitleggen)	a explica	[a ekspli'ka]

verkopen (per stuk ~)	**a vinde**	[a 'vinde]
vermelden (praten over)	**a menţiona**	[a mentsio'na]
versieren (decoreren)	**a împodobi**	[a ɨmpodo'bi]
vertalen (ww)	**a traduce**	[a tra'dutʃe]
vertrouwen (ww)	**a avea încredere**	[a a'vʲa ɨn'kredere]
vervolgen (ww)	**a continua**	[a kontinu'a]
verwarren (met elkaar ~)	**a încurca**	[a ɨnkur'ka]
verzoeken (ww)	**a cere**	[a 'tʃere]
verzuimen (school, enz.)	**a lipsi**	[a lip'si]
vinden (ww)	**a găsi**	[a gə'si]
vliegen (ww)	**a zbura**	[a zbu'ra]
volgen (ww)	**a urma**	[a ur'ma]
voorstellen (ww)	**a propune**	[a pro'pune]
voorzien (verwachten)	**a prevedea**	[a preve'dʲa]
vragen (ww)	**a întreba**	[a ɨntre'ba]
waarnemen (ww)	**a observa**	[a obser'va]
waarschuwen (ww)	**a avertiza**	[a averti'za]
wachten (ww)	**a aştepta**	[a aʃtep'ta]
weerspreken (ww)	**a contrazice**	[a kontra'zitʃe]
weigeren (ww)	**a refuza**	[a refu'za]
werken (ww)	**a lucra**	[a lu'kra]
weten (ww)	**a şti**	[a ʃti]
willen (verlangen)	**a vrea**	[a vrʲa]
zeggen (ww)	**a spune**	[a 'spune]
zich haasten (ww)	**a se grăbi**	[a se grə'bi]
zich interesseren voor ...	**a se interesa**	[a se intere'sa]
zich vergissen (ww)	**a greşi**	[a gre'ʃi]
zich verontschuldigen	**a cere scuze**	[a 'tʃere 'skuze]
zien (ww)	**a vedea**	[a ve'dʲa]
zoeken (ww)	**a căuta**	[a kəu'ta]
zwemmen (ww)	**a înota**	[a ɨno'ta]
zwijgen (ww)	**a tăcea**	[a tə'tʃa]

TIJD. KALENDER

17. Dagen van de week

maandag (de)	luni (f)	[lunʲ]
dinsdag (de)	marți (f)	['martsʲ]
woensdag (de)	miercuri (f)	['merkurʲ]
donderdag (de)	joi (f)	[ʒoj]
vrijdag (de)	vineri (f)	['vinerʲ]
zaterdag (de)	sâmbătă (f)	['sɨmbətə]
zondag (de)	duminică (f)	[du'minikə]

vandaag (bw)	astăzi	['astəzʲ]
morgen (bw)	mâine	['mɨjne]
overmorgen (bw)	poimâine	[poj'mɨne]
gisteren (bw)	ieri	[jerʲ]
eergisteren (bw)	alaltăieri	[a'laltəerʲ]

dag (de)	zi (f)	[zi]
werkdag (de)	zi (f) de lucru	[zi de 'lukru]
feestdag (de)	zi (f) de sărbătoare	[zi de sərbəto'are]
verlofdag (de)	zi (f) liberă	[zi 'liberə]
weekend (het)	zile (f pl) de odihnă	['zile de o'dihnə]

de hele dag (bw)	toată ziua	[to'atə 'ziwa]
de volgende dag (bw)	a doua zi	['dowa zi]
twee dagen geleden	cu două zile în urmă	[ku 'dowə 'zile ɨn 'urmə]
aan de vooravond (bw)	în ajun	[ɨn a'ʒun]
dag-, dagelijks (bn)	zilnic	['zilnik]
elke dag (bw)	în fiecare zi	[ɨn fie'kare zi]

week (de)	săptămână (f)	[səptə'mɨnə]
vorige week (bw)	săptămâna trecută	[səptə'mɨna tre'kutə]
volgende week (bw)	săptămâna viitoare	[səptə'mɨna viito'are]
wekelijks (bn)	săptămânal	[səptəmɨ'nal]
elke week (bw)	în fiecare săptămână	[ɨn fie'kare səptə'mɨnə]
twee keer per week	de două ori pe săptămână	[de 'dowə orʲ pe səptə'mɨnə]
elke dinsdag	în fiecare marți	[ɨn fie'kare 'marts]

18. Uren. Dag en nacht

morgen (de)	dimineață (f)	[dimi'nʲatsə]
's morgens (bw)	dimineața	[dimi'nʲatsa]
middag (de)	amiază (f)	[a'mjazə]
's middags (bw)	după masă	['dupə 'masə]

avond (de)	seară (f)	['sʲarə]
's avonds (bw)	seara	['sʲara]

nacht (de)	noapte (f)	[no'apte]
's nachts (bw)	noaptea	[no'aptʲa]
middernacht (de)	miezul (n) nopţii	['mezul 'nopʦij]

seconde (de)	secundă (f)	[se'kunde]
minuut (de)	minut (n)	[mi'nut]
uur (het)	oră (f)	['ore]
halfuur (het)	jumătate de oră	[ʒume'tate de 'ore]
kwartier (het)	un sfert de oră	[un sfert de 'ore]
vijftien minuten	cincisprezece minute	['ʧinʧsprezeʧe mi'nute]
etmaal (het)	o zi (f)	[o zi]

zonsopgang (de)	răsărit (n)	[rese'rit]
dageraad (de)	zori (m pl)	[zorʲ]
vroege morgen (de)	zori (m pl) de zi	[zorʲ de zi]
zonsondergang (de)	apus (n)	[a'pus]

's morgens vroeg (bw)	dimineaţa devreme	[dimi'nʲaʦa de'vreme]
vanmorgen (bw)	azi dimineaţă	[azʲ dimi'nʲaʦe]
morgenochtend (bw)	mâine dimineaţă	['mɨjne dimi'nʲaʦe]

vanmiddag (bw)	această după-amiază	[a'ʧaste 'dupa ami'aze]
's middags (bw)	după masă	['dupe 'mase]
morgenmiddag (bw)	mâine după-masă	['mɨjne 'dupe 'mase]

| vanavond (bw) | astă-seară | ['aste 'sʲare] |
| morgenavond (bw) | mâine seară | ['mɨjne 'sʲare] |

klokslag drie uur	la ora trei fix	[la 'ora trej fiks]
ongeveer vier uur	în jur de ora patru	[ɨn ʒur de 'ora 'patru]
tegen twaalf uur	pe la ora douăsprezece	[pe la 'ora 'dowesprezeʧe]

over twintig minuten	peste douăzeci de minute	['peste dowe'zeʧi de mi'nute]
over een uur	peste o oră	['peste o 'ore]
op tijd (bw)	la timp	[la timp]

kwart voor ...	fără un sfert	['fere un sfert]
binnen een uur	în decurs de o oră	[ɨn de'kurs de o 'ore]
elk kwartier	la fiecare cincisprezece minute	[la fie'kare 'ʧinʧsprezeʧe mi'nute]
de klok rond	zi şi noapte	[zi ʃi no'apte]

19. Maanden. Seizoenen

januari (de)	ianuarie (m)	[janu'arie]
februari (de)	februarie (m)	[febru'arie]
maart (de)	martie (m)	['martie]
april (de)	aprilie (m)	[a'prilie]
mei (de)	mai (m)	[maj]
juni (de)	iunie (m)	['junie]

juli (de)	iulie (m)	['julie]
augustus (de)	august (m)	['august]
september (de)	septembrie (m)	[sep'tembrie]

oktober (de)	octombrie (m)	[ok'tombrie]
november (de)	noiembrie (m)	[no'embrie]
december (de)	decembrie (m)	[de'tʃembrie]

lente (de)	primăvară (f)	[primə'varə]
in de lente (bw)	primăvara	[primə'vara]
lente- (abn)	de primăvară	[de primə'varə]

zomer (de)	vară (f)	['varə]
in de zomer (bw)	vara	['vara]
zomer-, zomers (bn)	de vară	[de 'varə]

herfst (de)	toamnă (f)	[to'amnə]
in de herfst (bw)	toamna	[to'amna]
herfst- (abn)	de toamnă	[de to'amnə]

winter (de)	iarnă (f)	['jarnə]
in de winter (bw)	iarna	['jarna]
winter- (abn)	de iarnă	[de 'jarnə]

maand (de)	lună (f)	['lunə]
deze maand (bw)	în luna curentă	[ɨn 'luna ku'rentə]
volgende maand (bw)	în luna următoare	[ɨn 'luna urməto'are]
vorige maand (bw)	în luna trecută	[ɨn 'luna tre'kutə]

een maand geleden (bw)	o lună în urmă	[o 'lunə ɨn 'urmə]
over een maand (bw)	peste o lună	['peste o 'lunə]
over twee maanden (bw)	peste două luni	['peste 'dowə lunʲ]
de hele maand (bw)	luna întreagă	['luna ɨn'trʲagə]
een volle maand (bw)	o lună întreagă	[o 'lunə ɨn'trʲagə]

maand-, maandelijks (bn)	lunar	[lu'nar]
maandelijks (bw)	în fiecare lună	[ɨn fie'kare 'lunə]
elke maand (bw)	fiecare lună	[fie'kare 'lunə]
twee keer per maand	de două ori pe lună	[de 'dowə orʲ pe 'lunə]

jaar (het)	an (m)	[an]
dit jaar (bw)	anul acesta	['anul a'tʃesta]
volgend jaar (bw)	anul viitor	['anul vii'tor]
vorig jaar (bw)	anul trecut	['anul tre'kut]

een jaar geleden (bw)	acum un an	[a'kum un an]
over een jaar	peste un an	['peste un an]
over twee jaar	peste doi ani	['peste doj anʲ]
het hele jaar	tot anul	[tot 'anul]
een vol jaar	un an întreg	[un an ɨn'treg]

elk jaar	în fiecare an	[ɨn fie'kare an]
jaar-, jaarlijks (bn)	anual	[anu'al]
jaarlijks (bw)	în fiecare an	[ɨn fie'kare an]
4 keer per jaar	de patru ori pe an	[de 'patru orʲ pe an]

datum (de)	dată (f)	['datə]
datum (de)	dată (f)	['datə]
kalender (de)	calendar (n)	[kalen'dar]
een half jaar	jumătate (f) de an	[ʒumə'tate de an]

zes maanden	jumătate (f) de an	[ʒumə'tate de an]
seizoen (bijv. lente, zomer)	sezon (n)	[se'zon]
eeuw (de)	veac (n)	[vʲak]

REIZEN. HOTEL

20. Trip. Reizen

toerisme (het)	turism (n)	[tu'rism]
toerist (de)	turist (m)	[tu'rist]
reis (de)	călătorie (f)	[kələto'rie]
avontuur (het)	aventură (f)	[aven'turə]
tocht (de)	voiaj (n)	[vo'jaʒ]
vakantie (de)	concediu (n)	[kon'tʃedju]
met vakantie zijn	a fi în concediu	[a fi ɨn kon'tʃedju]
rust (de)	odihnă (f)	[o'dihnə]
trein (de)	tren (n)	[tren]
met de trein	cu trenul	[ku 'trenul]
vliegtuig (het)	avion (n)	[a'vjon]
met het vliegtuig	cu avionul	[ku a'vjonul]
met de auto	cu automobilul	[ku automo'bilul]
per schip (bw)	cu vaporul	[ku va'porul]
bagage (de)	bagaj (n)	[ba'gaʒ]
valies (de)	valiză (f)	[va'lizə]
bagagekarretje (het)	cărucior (n) pentru bagaj	[kəru'tʃior 'pentru ba'gaʒ]
paspoort (het)	paşaport (n)	[paʃa'port]
visum (het)	viză (f)	['vizə]
kaartje (het)	bilet (n)	[bi'let]
vliegticket (het)	bilet (n) de avion	[bi'let de a'vjon]
reisgids (de)	ghid (m)	[gid]
kaart (de)	hartă (f)	['hartə]
gebied (landelijk ~)	localitate (f)	[lokali'tate]
plaats (de)	loc (n)	[lok]
exotische bestemming (de)	exotism (n)	[egzo'tism]
exotisch (bn)	exotic	[e'gzotik]
verwonderlijk (bn)	uimitor	[ujmi'tor]
groep (de)	grup (n)	[grup]
rondleiding (de)	excursie (f)	[eks'kursie]
gids (de)	ghid (m)	[gid]

21. Hotel

hotel (het)	hotel (n)	[ho'tel]
motel (het)	motel (n)	[mo'tel]
3-sterren	trei stele	[trej 'stele]

| 5-sterren | cinci stele | [ʧinʧ 'stele] |
| overnachten (ww) | a se opri | [a se o'pri] |

kamer (de)	cameră (f)	['kamerə]
eenpersoonskamer (de)	cameră pentru o persoană (n)	['kamerə 'pentru o perso'anə]
tweepersoonskamer (de)	cameră pentru două persoane (n)	['kamerə 'pentru 'dowə perso'ane]
een kamer reserveren	a rezerva o cameră	[a rezer'va o 'kamerə]

| halfpension (het) | demipensiune (f) | [demipensi'une] |
| volpension (het) | pensiune (f) | [pensi'une] |

met badkamer	cu baie	[ku 'bae]
met douche	cu duş	[ku duʃ]
satelliet-tv (de)	televiziune (f) prin satelit	[televizi'une 'prin sate'lit]
airconditioner (de)	aer (n) condiţionat	['aer kondiʦio'nat]
handdoek (de)	prosop (n)	[pro'sop]
sleutel (de)	cheie (f)	['kee]

administrateur (de)	administrator (m)	[adminis'trator]
kamermeisje (het)	femeie (f) de serviciu	[fe'mee de ser'viʧiu]
piccolo (de)	hamal (m)	[ha'mal]
portier (de)	portar (m)	[por'tar]

restaurant (het)	restaurant (n)	[restau'rant]
bar (de)	bar (n)	[bar]
ontbijt (het)	micul dejun (n)	['mikul de'ʒun]
avondeten (het)	cină (f)	['ʧinə]
buffet (het)	masă suedeză (f)	['masə sue'dezə]

| hal (de) | vestibul (n) | [vesti'bul] |
| lift (de) | lift (n) | [lift] |

| NIET STOREN | NU DERANJAŢI! | [nu deran'ʒaʦ] |
| VERBODEN TE ROKEN! | NU FUMAŢI! | [nu fu'maʦ] |

22. Bezienswaardigheden

monument (het)	monument (n)	[monu'ment]
vesting (de)	cetate (f)	[ʧe'tate]
paleis (het)	palat (n)	[pa'lat]
kasteel (het)	castel (n)	[kas'tel]
toren (de)	turn (n)	[turn]
mausoleum (het)	mausoleu (n)	[mawzo'leu]

architectuur (de)	arhitectură (f)	[arhitek'turə]
middeleeuws (bn)	medieval	[medie'val]
oud (bn)	vechi	[vekⁱ]
nationaal (bn)	naţional	[naʦio'nal]
bekend (bn)	cunoscut	[kunos'kut]

| toerist (de) | turist (m) | [tu'rist] |
| gids (de) | ghid (m) | [gid] |

rondleiding (de)	excursie (f)	[eks'kursie]
tonen (ww)	a arăta	[a arə'ta]
vertellen (ww)	a povesti	[a poves'ti]
vinden (ww)	a găsi	[a gə'si]
verdwalen (de weg kwijt zijn)	a se pierde	[a se 'pjerde]
plattegrond (~ van de metro)	schemă (f)	['skemə]
plattegrond (~ van de stad)	plan (m)	[plan]
souvenir (het)	suvenir (n)	[suve'nir]
souvenirwinkel (de)	magazin (n) de suveniruri	[maga'zin de suve'nirurʲ]
foto's maken	a fotografia	[a fotografi'ja]
zich laten fotograferen	a se fotografia	[a se fotografi'ja]

VERVOER

23. Vliegveld

luchthaven (de)	aeroport (n)	[aero'port]
vliegtuig (het)	avion (n)	[a'vjon]
luchtvaartmaatschappij (de)	companie (f) aeriană	[kompa'nie aeri'ane]
luchtverkeersleider (de)	dispecer (n)	[dis'petʃer]
vertrek (het)	decolare (f)	[deko'lare]
aankomst (de)	aterizare (f)	[ateri'zare]
aankomen (per vliegtuig)	a ateriza	[a ateri'za]
vertrektijd (de)	ora (f) decolării	['ora dekolərij]
aankomstuur (het)	ora (f) aterizării	['ora aterizərij]
vertraagd zijn (ww)	a întârzia	[a intɨr'zija]
vluchtvertraging (de)	întârzierea (f) zborului	[intɨrzjer'a 'zboruluj]
informatiebord (het)	panou (n)	[pa'nou]
informatie (de)	informație (f)	[infor'matsie]
aankondigen (ww)	a anunța	[a anun'ʦa]
vlucht (bijv. KLM ~)	cursă (f)	['kursə]
douane (de)	vamă (f)	['vamə]
douanier (de)	vameş (m)	['vameʃ]
douaneaangifte (de)	declarație (f)	[dekla'ratsie]
een douaneaangifte invullen	a completa declarația	[a komple'ta dekla'ratsija]
paspoortcontrole (de)	controlul (n) paşapoartelor	[kon'trolul paʃapo'artelor]
bagage (de)	bagaj (n)	[ba'gaʒ]
handbagage (de)	bagaj (n) de mână	[ba'gaʒ de 'mɨnə]
bagagekarretje (het)	cărucior (n) pentru bagaj	[kəru'tʃior 'pentru ba'gaʒ]
landing (de)	aterizare (f)	[ateri'zare]
landingsbaan (de)	pistă (f) de aterizare	['pistə de ateri'zare]
landen (ww)	a ateriza	[a ateri'za]
vliegtuigtrap (de)	scară (f)	['skarə]
inchecken (het)	înregistrare (f)	[inredʒis'trare]
incheckbalie (de)	birou (n) de înregistrare	[bi'rou de inredʒis'trare]
inchecken (ww)	a se înregistra	[a se inredʒis'tra]
instapkaart (de)	număr (n) de bord	['numər de bord]
gate (de)	debarcare (f)	[debar'kare]
transit (de)	tranzit (n)	['tranzit]
wachten (ww)	a aştepta	[a aʃtep'ta]
wachtzaal (de)	sală (f) de aşteptare	['sale de aʃtep'tare]
begeleiden (uitwuiven)	a conduce	[a kon'dutʃe]
afscheid nemen (ww)	a-şi lua rămas bun	[aʃ lu'a rə'mas bun]

T&P Books. Thematische woordenschat Nederlands-Roemeens - 3000 woorden

24. Vliegtuig

vliegtuig (het)	avion (n)	[a'vjon]
vliegticket (het)	bilet (n) de avion	[bi'let de a'vjon]
luchtvaartmaatschappij (de)	companie (f) aeriană	[kompa'nie aeri'anə]
luchthaven (de)	aeroport (n)	[aero'port]
supersonisch (bn)	supersonic	[super'sonik]

gezagvoerder (de)	comandant (m) de navă	[koman'dant de 'navə]
bemanning (de)	echipaj (n)	[eki'paʒ]
piloot (de)	pilot (m)	[pi'lot]
stewardess (de)	stewardesă (f)	[stjuar'desə]
stuurman (de)	navigator (m)	[naviga'tor]

vleugels (mv.)	aripi (f pl)	[a'ripʲ]
staart (de)	coadă (f)	[ko'adə]
cabine (de)	cabină (f)	[ka'binə]
motor (de)	motor (n)	[mo'tor]
landingsgestel (het)	tren (n) de aterizare	[tren de ateri'zare]
turbine (de)	turbină (f)	[tur'binə]

propeller (de)	elice (f)	[e'litʃe]
zwarte doos (de)	cutie (f) neagră	[ku'tie 'nʲagrə]
stuur (het)	manşă (f)	['manʃə]
brandstof (de)	combustibil (m)	[kombus'tibil]

veiligheidskaart (de)	instrucţiune (f)	[instruktsi'une]
zuurstofmasker (het)	mască (f) cu oxigen	['maskə 'ku oksi'dʒen]
uniform (het)	uniformă (f)	[uni'formə]
reddingsvest (de)	vestă (f) de salvare	['vestə de sal'vare]
parachute (de)	paraşută (f)	[para'ʃutə]

opstijgen (het)	decolare (f)	[deko'lare]
opstijgen (ww)	a decola	[a deko'la]
startbaan (de)	pistă (f) de decolare	['pistə de deko'lare]
zicht (het)	vizibilitate (f)	[vizibili'tate]
vlucht (de)	zbor (n)	[zbor]
hoogte (de)	înălţime (f)	[inəl'tsime]
luchtzak (de)	gol de aer (n)	[gol de 'aer]

plaats (de)	loc (n)	[lok]
koptelefoon (de)	căşti (f pl)	[kəʃtʲ]
tafeltje (het)	măsuţă (f) rabatabilă	[mə'sutsə raba'tabilə]
venster (het)	hublou (n)	[hu'blou]
gangpad (het)	trecere (f)	['tretʃere]

25. Trein

trein (de)	tren (n)	[tren]
elektrische trein (de)	tren (n) electric	['tren e'lektrik]
sneltrein (de)	tren (n) accelerat	['tren aktʃele'rat]
diesellocomotief (de)	locomotivă (f) cu motor diesel	[lokomo'tivə ku mo'tor 'dizel]

stoomlocomotief (de)	locomotivă (f)	[lokomo'tivə]
rijtuig (het)	vagon (n)	[va'gon]
restauratierijtuig (het)	vagon-restaurant (n)	[va'gon restau'rant]

rails (mv.)	şine (f pl)	['ʃine]
spoorweg (de)	cale (f) ferată	['kale fe'ratə]
dwarsligger (de)	traversă (f)	[tra'versə]

perron (het)	peron (n)	[pe'ron]
spoor (het)	linie (f)	['linie]
semafoor (de)	semafor (n)	[sema'for]
halte (bijv. kleine treinhalte)	staţie (f)	['statsie]

machinist (de)	maşinist (m)	[maʃi'nist]
kruier (de)	hamal (m)	[ha'mal]
conducteur (de)	însoţitor (m)	[insotsi'tor]
passagier (de)	pasager (m)	[pasa'dʒer]
controleur (de)	controlor (m)	[kontro'lor]

gang (in een trein)	coridor (n)	[kori'dor]
noodrem (de)	semnal (n) de alarmă	[sem'nal de a'larmə]

coupé (de)	compartiment (n)	[komparti'ment]
bed (slaapplaats)	cuşetă (f)	[ku'ʃetə]
bovenste bed (het)	patul (n) de sus	['patul de sus]
onderste bed (het)	patul (n) de jos	['patul de ʒos]
beddengoed (het)	lenjerie (f) de pat	[lenʒe'rie de pat]

kaartje (het)	bilet (n)	[bi'let]
dienstregeling (de)	orar (n)	[o'rar]
informatiebord (het)	panou (n)	[pa'nou]

vertrekken (De trein vertrekt ...)	a pleca	[a ple'ka]
vertrek (ov. een trein)	plecare (f)	[ple'kare]
aankomen (ov. de treinen)	a sosi	[a so'si]
aankomst (de)	sosire (f)	[so'sire]

aankomen per trein	a veni cu trenul	[a ve'ni ku 'trenul]
in de trein stappen	a se aşeza în tren	[a se aʃe'za in tren]
uit de trein stappen	a coborî din tren	[a kobo'ri din tren]

treinwrak (het)	accident (n) de tren	[aktʃi'dent de tren]
stoomlocomotief (de)	locomotivă (f)	[lokomo'tivə]
stoker (de)	fochist (m)	[fo'kist]
stookplaats (de)	focar (n)	[fo'kar]
steenkool (de)	cărbune (m)	[kər'bune]

26. Schip

schip (het)	corabie (f)	[ko'rabie]
vaartuig (het)	navă (f)	['navə]
stoomboot (de)	vapor (n)	[va'por]
motorschip (het)	motonavă (f)	[moto'nave]

lijnschip (het)	vas (n) de croazieră	[vas de kroa'zjerə]
kruiser (de)	crucişător (n)	[krutʃiʃə'tor]
jacht (het)	iaht (n)	[jaht]
sleepboot (de)	remorcher (n)	[remor'ker]
duwbak (de)	şlep (n)	[ʃlep]
ferryboot (de)	bac (n)	[bak]
zeilboot (de)	velier (n)	[ve'ljer]
brigantijn (de)	brigantină (f)	[brigan'tinə]
ijsbreker (de)	spărgător (n) de gheaţă	[spərgə'tor de 'gʲatsə]
duikboot (de)	submarin (n)	[subma'rin]
boot (de)	barcă (f)	['barkə]
sloep (de)	şalupă (f)	[ʃa'lupə]
reddingssloep (de)	şalupă (f) de salvare	[ʃa'lupə de sal'vare]
motorboot (de)	cuter (n)	['kuter]
kapitein (de)	căpitan (m)	[kəpi'tan]
zeeman (de)	marinar (m)	[mari'nar]
matroos (de)	marinar (m)	[mari'nar]
bemanning (de)	echipaj (n)	[eki'paʒ]
bootsman (de)	şef (m) de echipaj	[ʃef de eki'paʒ]
scheepsjongen (de)	mus (m)	[mus]
kok (de)	bucătar (m)	[bukə'tar]
scheepsarts (de)	medic (m) pe navă	['medik pe 'navə]
dek (het)	teugă (f)	[te'ugə]
mast (de)	catarg (n)	[ka'targ]
zeil (het)	velă (f)	['velə]
ruim (het)	cală (f)	['kalə]
voorsteven (de)	proră (f)	['prorə]
achtersteven (de)	pupă (f)	['pupə]
roeispaan (de)	vâslă (f)	['vislə]
schroef (de)	elice (f)	[e'litʃe]
kajuit (de)	cabină (f)	[ka'binə]
officierskamer (de)	salonul (n) ofiţerilor	[sa'lonul ofi'tserilor]
machinekamer (de)	sala (f) maşinilor	['sala ma'ʃinilor]
brug (de)	punte (f) de comandă	['punte de ko'mandə]
radiokamer (de)	staţie (f) de radio	['statsie de 'radio]
radiogolf (de)	undă (f)	['undə]
logboek (het)	jurnal (n) de bord	[ʒur'nal de bord]
verrekijker (de)	lunetă (f)	[lu'netə]
klok (de)	clopot (n)	['klopot]
vlag (de)	steag (n)	['stʲag]
kabel (de)	parâmă (f)	[pa'rimə]
knoop (de)	nod (n)	[nod]
leuning (de)	bară (f)	['barə]
trap (de)	pasarelă (f)	[pasa'relə]

anker (het)	ancoră (f)	['ankorə]
het anker lichten	a ridica ancora	[a ridi'ka 'ankora]
het anker neerlaten	a ancora	[a anko'ra]
ankerketting (de)	lanţ (n) de ancoră	[lanʦ de 'ankorə]

haven (bijv. containerhaven)	port (n)	[port]
kaai (de)	acostare (f)	[akos'tare]
aanleggen (ww)	a acosta	[a akos'ta]
wegvaren (ww)	a demara	[a dema'ra]

reis (de)	călătorie (f)	[kələto'rie]
cruise (de)	croazieră (f)	[kroa'zjerə]
koers (de)	direcţie (f)	[di'rekʦie]
route (de)	rută (f)	['rutə]

vaarwater (het)	cale (f) navigabilă	['kale navi'gabilə]
zandbank (de)	banc (n) de nisip	[bank de ni'sip]
stranden (ww)	a se împotmoli	[a se împotmo'li]

storm (de)	furtună (f)	[fur'tunə]
signaal (het)	semnal (n)	[sem'nal]
zinken (ov. een boot)	a se scufunda	[a se skufun'da]
SOS (noodsignaal)	SOS	[sos]
reddingsboei (de)	colac (m) de salvare	[ko'lak de sal'vare]

STAD

27. Stedelijk vervoer

bus, autobus (de)	autobuz (n)	[auto'buz]
tram (de)	tramvai (n)	[tram'vaj]
trolleybus (de)	troleibuz (n)	[trolej'buz]
route (de)	rută (f)	['rutə]
nummer (busnummer, enz.)	număr (n)	['numər]
rijden met ...	a merge cu ...	[a 'merdʒe ku]
stappen (in de bus ~)	a se urca	[a se ur'ka]
afstappen (ww)	a coborî	[a kobo'ri]
halte (de)	staţie (f)	['statsie]
volgende halte (de)	staţia (f) următoare	['statsija urməto'are]
eindpunt (het)	ultima staţie (f)	['ultima 'statsie]
dienstregeling (de)	orar (n)	[o'rar]
wachten (ww)	a aştepta	[a aʃtep'ta]
kaartje (het)	bilet (n)	[bi'let]
reiskosten (de)	costul (n) biletului	['kostul bi'letuluj]
kassier (de)	casier (m)	[ka'sjer]
kaartcontrole (de)	control (n)	[kon'trol]
controleur (de)	controlor (m)	[kontro'lor]
te laat zijn (ww)	a întârzia	[a intir'zija]
missen (de bus ~)	a pierde ...	[a 'pjerdə]
zich haasten (ww)	a se grăbi	[a se grə'bi]
taxi (de)	taxi (n)	[ta'ksi]
taxichauffeur (de)	taximetrist (m)	[taksime'trist]
met de taxi (bw)	cu taxiul	[ku ta'ksjul]
taxistandplaats (de)	staţie (f) de taxiuri	['statsie de ta'ksjurʲ]
een taxi bestellen	a chema un taxi	[a ke'ma un ta'ksi]
een taxi nemen	a lua un taxi	[a lu'a un ta'ksi]
verkeer (het)	circulaţie (f) pe stradă	[tʃirku'latsie pe 'stradə]
file (de)	ambuteiaj (n)	[ambute'jaʒ]
spitsuur (het)	oră (f) de vârf	[orə de virf]
parkeren (on.ww.)	a se parca	[a se par'ka]
parkeren (ov.ww.)	a parca	[a par'ka]
parking (de)	parcare (f)	[par'kare]
metro (de)	metrou (n)	[me'trou]
halte (bijv. kleine treinhalte)	staţie (f)	['statsie]
de metro nemen	a merge cu metroul	[a 'merdʒe ku me'troul]
trein (de)	tren (n)	[tren]
station (treinstation)	gară (f)	['garə]

37

28. Stad. Het leven in de stad

stad (de)	oraş (n)	[o'raʃ]
hoofdstad (de)	capitală (f)	[kapi'talə]
dorp (het)	sat (n)	[sat]

plattegrond (de)	planul (n) oraşului	['planul o'raʃuluj]
centrum (ov. een stad)	centrul (n) oraşului	['tʃentrul o'raʃuluj]
voorstad (de)	suburbie (f)	[subur'bie]
voorstads- (abn)	din suburbie	[din subur'bie]

randgemeente (de)	margine (f)	['mardʒine]
omgeving (de)	împrejurimi (f pl)	[împreʒu'rimʲ]
blok (huizenblok)	cartier (n)	[kar'tjer]
woonwijk (de)	cartier (n) locativ	[ka'rtjer loka'tiv]

verkeer (het)	circulaţie (f)	[tʃirku'latsie]
verkeerslicht (het)	semafor (n)	[sema'for]
openbaar vervoer (het)	transport (n) urban	[trans'port ur'ban]
kruispunt (het)	intersecţie (f)	[inter'sektsie]

zebrapad (oversteekplaats)	trecere (f)	['tretʃere]
onderdoorgang (de)	trecere (f) subterană	['tretʃere subte'ranə]
oversteken (de straat ~)	a traversa	[a traver'sa]
voetganger (de)	pieton (m)	[pie'ton]
trottoir (het)	trotuar (n)	[trotu'ar]

brug (de)	pod (n)	[pod]
dijk (de)	faleză (f)	[fa'lezə]
fontein (de)	havuz (n)	[ha'vuz]

allee (de)	alee (f)	[a'lee]
park (het)	parc (n)	[park]
boulevard (de)	bulevard (n)	[bule'vard]
plein (het)	piaţă (f)	['pjatsə]
laan (de)	prospect (n)	[pros'pekt]
straat (de)	stradă (f)	['stradə]
zijstraat (de)	stradelă (f)	[stra'delə]
doodlopende straat (de)	fundătură (f)	[fundə'turə]

huis (het)	casă (f)	['kasə]
gebouw (het)	clădire (f)	[klə'dire]
wolkenkrabber (de)	zgârie-nori (m)	['zgɨrie norʲ]

gevel (de)	faţadă (f)	[fa'tsadə]
dak (het)	acoperiş (n)	[akope'riʃ]
venster (het)	fereastră (f)	[fe'rʲastrə]
boog (de)	arc (n)	[ark]
pilaar (de)	coloană (f)	[kolo'anə]
hoek (ov. een gebouw)	colţ (n)	[kolts]

vitrine (de)	vitrină (f)	[vi'trinə]
gevelreclame (de)	firmă (f)	['firmə]
affiche (de/het)	afiş (n)	[a'fiʃ]
reclameposter (de)	afişaj (n)	[afi'ʃaʒ]

aanplakbord (het)	panou (n) publicitar	[pa'nu publitʃi'tar]
vuilnis (de/het)	gunoi (n)	[gu'noj]
vuilnisbak (de)	coş (n) de gunoi	[koʃ de gu'noj]
afval weggooien (ww)	a face murdărie	[a 'fatʃe murdə'rie]
stortplaats (de)	groapă (f) de gunoi	[gro'apə de gu'noj]
telefooncel (de)	cabină (f) telefonică	[ka'binə tele'fonikə]
straatlicht (het)	stâlp (m) de felinar	[stɨlp de feli'nar]
bank (de)	bancă (f)	['bankə]
politieagent (de)	poliţist (m)	[poli'tsist]
politie (de)	poliţie (f)	[po'litsie]
zwerver (de)	cerşetor (m)	[tʃerʃə'tor]
dakloze (de)	vagabond (m)	[vaga'bond]

29. Stedelijke instellingen

winkel (de)	magazin (n)	[maga'zin]
apotheek (de)	farmacie (f)	[farma'tʃie]
optiek (de)	optică (f)	['optikə]
winkelcentrum (het)	centru (n) comercial	['tʃentru komertʃi'al]
supermarkt (de)	supermarket (n)	[super'market]
bakkerij (de)	brutărie (f)	[brutə'rie]
bakker (de)	brutar (m)	[bru'tar]
banketbakkerij (de)	cofetărie (f)	[kofete'rie]
kruidenier (de)	băcănie (f)	[bəkə'nie]
slagerij (de)	hală (f) de carne	['halə de 'karne]
groentewinkel (de)	magazin (m) de legume	[maga'zin de le'gume]
markt (de)	piaţă (f)	['pjatsə]
koffiehuis (het)	cafenea (f)	[kafe'nʲa]
restaurant (het)	restaurant (n)	[restau'rant]
bar (de)	berărie (f)	[berə'rie]
pizzeria (de)	pizzerie (f)	[pitse'rie]
kapperssalon (de/het)	frizerie (f)	[frize'rie]
postkantoor (het)	poştă (f)	['poʃtə]
stomerij (de)	curăţătorie (f) chimică	[kurətseto'rie 'kimikə]
fotostudio (de)	atelier (n) foto	[ate'ljer 'foto]
schoenwinkel (de)	magazin (n) de încălţăminte	[maga'zin de ɨnkəltsə'minte]
boekhandel (de)	librărie (f)	[librə'rie]
sportwinkel (de)	magazin (n) sportiv	[maga'zin spor'tiv]
kledingreparatie (de)	croitorie (f)	[kroito'rie]
kledingverhuur (de)	închiriere (f) de haine	[ɨnki'rjere de 'hajne]
videotheek (de)	închiriere (f) de filme	[ɨnki'rjere de 'filme]
circus (de/het)	circ (n)	[tʃirk]
dierentuin (de)	grădină (f) zoologică	[grə'dinə zoo'lodʒikə]
bioscoop (de)	cinematograf (n)	[tʃinemato'graf]
museum (het)	muzeu (n)	[mu'zeu]

bibliotheek (de)	bibliotecă (f)	[biblio'tekə]
theater (het)	teatru (n)	[te'atru]
opera (de)	operă (f)	['operə]
nachtclub (de)	club (n) de noapte	['klub de no'apte]
casino (het)	cazinou (n)	[kazi'nou]

moskee (de)	moschee (f)	[mos'kee]
synagoge (de)	sinagogă (f)	[sina'gogə]
kathedraal (de)	catedrală (f)	[kate'dralə]
tempel (de)	templu (n)	['templu]
kerk (de)	biserică (f)	[bi'serikə]

instituut (het)	institut (n)	[insti'tut]
universiteit (de)	universitate (f)	[universi'tate]
school (de)	şcoală (f)	[ʃko'alə]

gemeentehuis (het)	prefectură (f)	[prefek'turə]
stadhuis (het)	primărie (f)	[primə'rie]
hotel (het)	hotel (n)	[ho'tel]
bank (de)	bancă (f)	['bankə]

ambassade (de)	ambasadă (f)	[amba'sadə]
reisbureau (het)	agenţie (f) de turism	[adʒen'tsie de tu'rism]
informatieloket (het)	birou (n) de informaţii	[bi'rou de infor'matsij]
wisselkantoor (het)	schimb (n) valutar	[skimb valu'tar]

| metro (de) | metrou (n) | [me'trou] |
| ziekenhuis (het) | spital (n) | [spi'tal] |

| benzinestation (het) | benzinărie (f) | [benzinə'rie] |
| parking (de) | parcare (f) | [par'kare] |

30. Borden

gevelreclame (de)	firmă (f)	['firmə]
opschrift (het)	inscripţie (f)	[in'skriptsie]
poster (de)	afiş (n)	[a'fiʃ]
wegwijzer (de)	semn (n)	[semn]
pijl (de)	indicator (n)	[indika'tor]

waarschuwing (verwittiging)	avertisment (n)	[avertis'ment]
waarschuwingsbord (het)	avertisment (n)	[avertis'ment]
waarschuwen (ww)	a avertiza	[a averti'za]

vrije dag (de)	zi (f) de odihnă	[zi de o'dihnə]
dienstregeling (de)	orar (n)	[o'rar]
openingsuren (mv.)	ore (f pl) de lucru	['ore de 'lukru]

WELKOM!	BINE AŢI VENIT!	['bine 'atsʲ ve'nit]
INGANG	INTRARE	[in'trare]
UITGANG	IEŞIRE	[je'ʃire]

| DUWEN | ÎMPINGE | [im'pindʒe] |
| TREKKEN | TRAGE | ['tradʒe] |

| OPEN | DESCHIS | [des'kis] |
| GESLOTEN | ÎNCHIS | [in'kis] |

| DAMES | PENTRU FEMEI | ['pentru fe'mej] |
| HEREN | PENTRU BĂRBAȚI | ['pentru bər'batsi] |

KORTING	REDUCERI	[re'dutʃeri]
UITVERKOOP	LICHIDARE DE STOC	[liki'dare de stok]
NIEUW!	NOU	['nou]
GRATIS	GRATUIT	[gratu'it]

PAS OP!	ATENȚIE!	[a'tentsie]
VOLGEBOEKT	NU SUNT LOCURI	[nu 'sunt 'lokuri]
GERESERVEERD	REZERVAT	[rezer'vat]

| ADMINISTRATIE | ADMINISTRAȚIE | [adminis'tratsie] |
| ALLEEN VOOR PERSONEEL | NUMAI PENTRU ANGAJAȚI | ['numaj 'pentru anga'ʒats] |

GEVAARLIJKE HOND	CÂINE RĂU	['kine 'rəu]
VERBODEN TE ROKEN!	NU FUMAȚI!	[nu fu'mats]
NIET AANRAKEN!	NU ATINGEȚI!	[nu a'tindʒets]

GEVAARLIJK	PERICULOS	[periku'los]
GEVAAR	PERICOL	[pe'rikol]
HOOGSPANNING	TENSIUNE ÎNALTĂ	[tensi'une i'naltə]
VERBODEN TE ZWEMMEN	SCĂLDATUL INTERZIS!	[skəl'datul inter'zis]
BUITEN GEBRUIK	NU FUNCȚIONEAZĂ	[nu funktsio'niazə]

ONTVLAMBAAR	INFLAMABIL	[infla'mabil]
VERBODEN	INTERZIS	[inter'zis]
DOORGANG VERBODEN	TRECEREA INTERZISĂ	['tretʃeria inter'zise]
OPGELET PAS GEVERFD	PROASPĂT VOPSIT	[pro'aspət vop'sit]

31. Winkelen

kopen (ww)	a cumpăra	[a kumpə'ra]
aankoop (de)	cumpărătură (f)	[kumpərə'turə]
winkelen (ww)	a face cumpărături	[a 'fatʃe kumpərə'turi]
winkelen (het)	shopping (n)	['ʃoping]

| open zijn (ov. een winkel, enz.) | a fi deschis | [a fi des'kis] |
| gesloten zijn (ww) | a se închide | [a se in'kide] |

schoeisel (het)	încălțăminte (f)	[inkəltsə'minte]
kleren (mv.)	haine (f pl)	['hajne]
cosmetica (mv.)	cosmetică (f)	[kos'metikə]
voedingswaren (mv.)	produse (n pl)	[pro'duse]
geschenk (het)	cadou (n)	[ka'dou]

verkoper (de)	vânzător (m)	[vinzə'tor]
verkoopster (de)	vânzătoare (f)	[vinzəto'are]
kassa (de)	casă (f)	['kasə]

spiegel (de)	oglindă (f)	[og'lində]
toonbank (de)	tejghea (f)	[teʒ'gʲa]
paskamer (de)	cabină (f) de probă	[ka'binə de 'probə]
aanpassen (ww)	a proba	[a pro'ba]
passen (ov. kleren)	a veni	[a ve'ni]
bevallen (prettig vinden)	a plăcea	[a plə'tʃa]
prijs (de)	preț (n)	[prets]
prijskaartje (het)	indicator (n) de prețuri	[indika'tor de 'pretsurʲ]
kosten (ww)	a costa	[a kos'ta]
Hoeveel?	Cât?	[kit]
korting (de)	reducere (f)	[re'dutʃere]
niet duur (bn)	ieftin	['jeftin]
goedkoop (bn)	ieftin	['jeftin]
duur (bn)	scump	[skump]
Dat is duur.	E scump	[e skump]
verhuur (de)	închiriere (f)	[inkiri'ere]
huren (smoking, enz.)	a lua în chirie	[a lu'a in ki'rie]
krediet (het)	credit (n)	['kredit]
op krediet (bw)	în credit	[in 'kredit]

KLEDING EN ACCESSOIRES

32. Bovenkleding. Jassen

kleren (mv.)	îmbrăcăminte (f)	[imbrəkə'minte]
bovenkleding (de)	haină (f)	['hajnə]
winterkleding (de)	îmbrăcăminte (f) de iarnă	[imbrəkə'minte de 'jarnə]

jas (de)	palton (n)	[pal'ton]
bontjas (de)	şubă (f)	['ʃubə]
bontjasje (het)	scurtă (f) îmblănită	['skurtə imblə'nitə]
donzen jas (de)	scurtă (f) de puf	['skurtə de 'puf]

jasje (bijv. een leren ~)	scurtă (f)	['skurtə]
regenjas (de)	trenci (f)	[trenʧi]
waterdicht (bn)	impermeabil (n)	[imperme'abil]

33. Heren & dames kleding

overhemd (het)	cămaşă (f)	[kə'maʃə]
broek (de)	pantaloni (m pl)	[panta'loni]
jeans (de)	blugi (m pl)	[blu ʤi]
colbert (de)	sacou (n)	[sa'kou]
kostuum (het)	costum (n)	[kos'tum]

jurk (de)	rochie (f)	['rokie]
rok (de)	fustă (f)	['fustə]
blouse (de)	bluză (f)	['bluzə]
wollen vest (de)	jachetă (f) tricotată	[ʒa'ketə triko'tatə]
blazer (kort jasje)	jachetă (f)	[ʒa'ketə]

T-shirt (het)	tricou (n)	[tri'kou]
shorts (mv.)	şorturi (n pl)	['ʃorturi]
trainingspak (het)	costum (n) sportiv	[kos'tum spor'tiv]
badjas (de)	halat (n)	[ha'lat]
pyjama (de)	pijama (f)	[piʒa'ma]

| sweater (de) | sveter (n) | ['sveter] |
| pullover (de) | pulover (n) | [pu'lover] |

gilet (het)	vestă (f)	['vestə]
rokkostuum (het)	frac (n)	[frak]
smoking (de)	smoching (n)	['smoking]

uniform (het)	uniformă (f)	[uni'formə]
werkkleding (de)	haină (f) de lucru	['hajnə de 'lukru]
overall (de)	salopetă (f)	[salo'petə]
doktersjas (de)	halat (n)	[ha'lat]

34. Kleding. Ondergoed

ondergoed (het)	lenjerie (f) de corp	[len3e'rie de 'korp]
onderhemd (het)	maiou (n)	[ma'jou]
sokken (mv.)	şosete (f pl)	[ʃo'sete]

nachthemd (het)	cămaşă (f) de noapte	[kə'maʃe de no'apte]
beha (de)	sutien (n)	[su'tjen]
kniekousen (mv.)	ciorapi (m pl)	[ʧio'rapʲ]
panty (de)	ciorapi pantalon (m pl)	[ʧio'rapʲ panta'lon]
nylonkousen (mv.)	ciorapi (m pl)	[ʧio'rapʲ]
badpak (het)	costum (n) de baie	[kos'tum de 'bae]

35. Hoofddeksels

hoed (de)	căciulă (f)	[kə'ʧiulə]
deukhoed (de)	pălărie (f)	[pələ'rie]
honkbalpet (de)	şapcă (f)	['ʃapkə]
kleppet (de)	chipiu (n)	[ki'pju]

baret (de)	beretă (f)	[be'retə]
kap (de)	glugă (f)	['glugə]
panamahoed (de)	panama (f)	[pana'ma]
gebreide muts (de)	căciulă (f) împletită	[kə'ʧiulə imple'titə]

hoofddoek (de)	basma (f)	[bas'ma]
dameshoed (de)	pălărie (f) de damă	[pələ'rie de 'damə]

veiligheidshelm (de)	cască (f)	['kaskə]
veldmuts (de)	bonetă (f)	[bo'netə]
helm, valhelm (de)	coif (n)	[kojf]

bolhoed (de)	pălărie (f)	[pələ'rie]
hoge hoed (de)	joben (n)	[ʒo'ben]

36. Schoeisel

schoeisel (het)	încălţăminte (f)	[inkəltsə'minte]
schoenen (mv.)	ghete (f pl)	['gete]
vrouwenschoenen (mv.)	pantofi (m pl)	[pan'tofʲ]
laarzen (mv.)	cizme (f pl)	['ʧizme]
pantoffels (mv.)	şlapi (m pl)	[ʃlapʲ]

sportschoenen (mv.)	adidaşi (m pl)	[a'didaʃ]
sneakers (mv.)	tenişi (m pl)	['teniʃ]
sandalen (mv.)	sandale (f pl)	[san'dale]

schoenlapper (de)	cizmar (m)	[ʧiz'mar]
hiel (de)	toc (n)	[tok]
paar (een ~ schoenen)	pereche (f)	[pe'reke]
veter (de)	şiret (n)	[ʃi'ret]

rijgen (schoenen ~)	a şnurui	[a ʃnuru'i]
schoenlepel (de)	lingură (f) pentru pantofi	['lingurə 'pentru pan'tofʲ]
schoensmeer (de/het)	cremă (f) de ghete	['kremə de 'gete]

37. Persoonlijke accessoires

handschoenen (mv.)	mănuşi (f pl)	[mə'nuʃ]
wanten (mv.)	mănuşi (f pl)	[mə'nuʃ]
	cu un singur deget	ku un 'singur 'dedʒet]
sjaal (fleece ~)	fular (m)	[fu'lar]

bril (de)	ochelari (m pl)	[oke'larʲ]
brilmontuur (het)	ramă (f)	['ramə]
paraplu (de)	umbrelă (f)	[um'brelə]
wandelstok (de)	baston (n)	[bas'ton]
haarborstel (de)	perie (f) de păr	[pe'rie de pər]
waaier (de)	evantai (n)	[evan'taj]

das (de)	cravată (f)	[kra'vatə]
strikje (het)	papion (n)	[papi'on]
bretels (mv.)	bretele (f pl)	[bre'tele]
zakdoek (de)	batistă (f)	[ba'tistə]

kam (de)	pieptene (m)	['pjeptəne]
haarspeldje (het)	agrafă (f)	[a'grafə]
schuifspeldje (het)	ac (n) de păr	[ak de pər]
gesp (de)	cataramă (f)	[kata'ramə]

| broekriem (de) | cordon (n) | [kor'don] |
| draagriem (de) | curea (f) | [ku'rʲa] |

handtas (de)	geantă (f)	['dʒantə]
damestas (de)	poşetă (f)	[po'ʃetə]
rugzak (de)	rucsac (n)	[ruk'sak]

38. Kleding. Diversen

mode (de)	modă (f)	['modə]
de mode (bn)	la modă	[la 'modə]
kledingstilist (de)	modelier (n)	[mode'ljer]

kraag (de)	guler (n)	['guler]
zak (de)	buzunar (n)	[buzu'nar]
zak- (abn)	de buzunar	[de buzu'nar]
mouw (de)	mânecă (f)	['mɨnekə]
lusje (het)	gaică (f)	['gajkə]
gulp (de)	şliţ (n)	[ʃliʦ]

rits (de)	fermoar (n)	[fermo'ar]
sluiting (de)	capsă (f)	['kapsə]
knoop (de)	nasture (m)	['nasture]
knoopsgat (het)	butonieră (f)	[buto'njerə]

losraken (bijv. knopen)	a se rupe	[a se 'rupe]
naaien (kleren, enz.)	a coase	[a ko'ase]
borduren (ww)	a broda	[a bro'da]
borduursel (het)	broderie (f)	[brode'rie]
naald (de)	ac (n)	[ak]
draad (de)	aţă (f)	['aţsə]
naad (de)	cusătură (f)	[kusə'turə]

vies worden (ww)	a se murdări	[a se murdə'ri]
vlek (de)	pată (f)	['patə]
gekreukt raken (ov. kleren)	a se şifona	[a se ʃifo'na]
scheuren (ov.ww.)	a rupe	[a 'rupe]
mot (de)	molie (f)	['molie]

39. Persoonlijke verzorging. Schoonheidsmiddelen

tandpasta (de)	pastă (f) de dinţi	['pastə de dinţs']
tandenborstel (de)	periuţă (f) de dinţi	[peri'utsə de dinţs']
tanden poetsen (ww)	a se spăla pe dinţi	[a se spə'la pe dinţs']

scheermes (het)	brici (n)	['britʃi]
scheerschuim (het)	cremă (f) de bărbierit	['kremə de bərbie'rit]
zich scheren (ww)	a se bărbieri	[a se bərbie'ri]

zeep (de)	săpun (n)	[sə'pun]
shampoo (de)	şampon (n)	[ʃam'pon]

schaar (de)	foarfece (n)	[fo'arfetʃe]
nagelvijl (de)	pilă (f) de unghii	['pilə de 'ungij]
nagelknipper (de)	cleştişor (n)	[kleʃti'ʃor]
pincet (het)	pensetă (f)	[pen'setə]

cosmetica (mv.)	cosmetică (f)	[kos'metikə]
masker (het)	mască (f)	['maskə]
manicure (de)	manichiură (f)	[mani'kjurə]
manicure doen	a face manichiura	[a 'fatʃe mani'kjura]
pedicure (de)	pedichiură (f)	[pedi'kjurə]

cosmetica tasje (het)	trusă (f) de cosmetică	['trusə de kos'metikə]
poeder (de/het)	pudră (f)	['pudrə]
poederdoos (de)	pudrieră (f)	[pudri'erə]
rouge (de)	fard de obraz (n)	[fard de o'braz]

parfum (de/het)	parfum (n)	[par'fum]
eau de toilet (de)	apă de toaletă (f)	['apə de toa'letə]
lotion (de)	loţiune (f)	[lotsi'une]
eau de cologne (de)	colonie (f)	[ko'lonie]

oogschaduw (de)	fard (n) de pleoape	[fard 'pentru pleo'ape]
oogpotlood (het)	creion (n) de ochi	[kre'jon 'pentru ok']
mascara (de)	rimel (n)	[ri'mel]

lippenstift (de)	ruj (n)	[ruʒ]
nagellak (de)	ojă (f)	['oʒə]

| haarlak (de) | gel (n) de păr | [dʒel de pər] |
| deodorant (de) | deodorant (n) | [deodo'rant] |

crème (de)	cremă (f)	['kremə]
gezichtscrème (de)	cremă (f) de față	['kremə de 'fatsə]
handcrème (de)	cremă (f) pentru mâini	['kremə 'pentru miɲi]
antirimpelcrème (de)	cremă (f) anti-rid	['kremə 'anti rid]
dag- (abn)	de zi	[de zi]
nacht- (abn)	de noapte	[de no'apte]

tampon (de)	tampon (n)	[tam'pon]
toiletpapier (het)	hârtie (f) igienică	[hɨr'tie idʒi'enikə]
föhn (de)	uscător (n) de păr	[uskə'tor de pər]

40. Horloges. Klokken

polshorloge (het)	ceas (n) de mână	[tʃas de 'mɨnə]
wijzerplaat (de)	cadran (n)	[ka'dran]
wijzer (de)	acul (n) ceasornicului	['akul tʃasor'nikuluj]
metalen horlogeband (de)	brățară (f)	[brə'tsarə]
horlogebandje (het)	curea (f)	[ku'rʲa]

batterij (de)	baterie (f)	[bate'rie]
leeg zijn (ww)	a se termina	[a se termi'na]
batterij vervangen	a schimba bateria	[a skim'ba bate'rija]
voorlopen (ww)	a merge înainte	[a 'merdʒe ɨna'inte]
achterlopen (ww)	a rămâne în urmă	[a rə'mɨne ɨn 'urmə]

wandklok (de)	pendulă (f)	[pen'dulə]
zandloper (de)	clepsidră (f)	[klep'sidrə]
zonnewijzer (de)	cadran (n) solar	[ka'dran so'lar]
wekker (de)	ceas (n) deşteptător	[tʃas deʃteptə'tor]
horlogemaker (de)	ceasornicar (m)	[tʃasorni'kar]
repareren (ww)	a repara	[a repa'ra]

ALLEDAAGSE ERVARING

41. Geld

geld (het)	bani (m pl)	[banⁱ]
ruil (de)	schimb (n)	[skimb]
koers (de)	curs (n)	[kurs]
geldautomaat (de)	bancomat (n)	[banko'mat]
muntstuk (de)	monedă (f)	[mo'nedə]
dollar (de)	dolar (m)	[do'lar]
euro (de)	euro (m)	['euro]
lire (de)	liră (f)	['lirə]
Duitse mark (de)	marcă (f)	['markə]
frank (de)	franc (m)	[frank]
pond sterling (het)	liră (f) sterlină	['lirə ster'linə]
yen (de)	yen (f)	['jen]
schuld (geldbedrag)	datorie (f)	[dato'rie]
schuldenaar (de)	datornic (m)	[da'tornik]
uitlenen (ww)	a da cu împrumut	[a da ku impru'mut]
lenen (geld ~)	a lua cu împrumut	[a lu'a ku impru'mut]
bank (de)	bancă (f)	['bankə]
bankrekening (de)	cont (n)	[kont]
op rekening storten	a pune în cont	[a 'pune in 'kont]
opnemen (ww)	a scoate din cont	[a sko'ate din kont]
kredietkaart (de)	carte (f) de credit	['karte de 'kredit]
baar geld (het)	numerar (n)	[nume'rar]
cheque (de)	cec (n)	[tʃek]
een cheque uitschrijven	a scrie un cec	[a 'skrie un tʃek]
chequeboekje (het)	carte (f) de cecuri	['karte de 'tʃekurⁱ]
portefeuille (de)	portvizit (n)	[portvi'zit]
geldbeugel (de)	portofel (n)	[porto'fel]
safe (de)	seif (n)	['sejf]
erfgenaam (de)	moştenitor (m)	[moʃteni'tor]
erfenis (de)	moştenire (f)	[moʃte'nire]
fortuin (het)	avere (f)	[a'vere]
huur (de)	arendă (f)	[a'rendə]
huurprijs (de)	chirie (f)	[ki'rie]
huren (huis, kamer)	a închiria	[a inkiri'ja]
prijs (de)	preţ (n)	[prets]
kostprijs (de)	valoare (f)	[valo'are]
som (de)	sumă (f)	['sumə]

uitgeven (geld besteden)	a cheltui	[a keltu'i]
kosten (mv.)	cheltuieli (f pl)	[keltu'el']
bezuinigen (ww)	a economisi	[a ekonomi'si]
zuinig (bn)	econom	[eko'nom]

betalen (ww)	a plăti	[a plə'ti]
betaling (de)	plată (f)	['platə]
wisselgeld (het)	rest (n)	[rest]

belasting (de)	impozit (n)	[im'pozit]
boete (de)	amendă (f)	[a'mendə]
beboeten (bekeuren)	a amenda	[a amen'da]

42. Post. Postkantoor

postkantoor (het)	poştă (f)	['poʃtə]
post (de)	corespondenţă (f)	[korespon'dentsə]
postbode (de)	poştaş (m)	[poʃ'taʃ]
openingsuren (mv.)	ore (f pl) de lucru	['ore de 'lukru]

brief (de)	scrisoare (f)	[skriso'are]
aangetekende brief (de)	scrisoare (f) recomandată	[skriso'are rekoman'datə]
briefkaart (de)	carte (f) poştală	['karte poʃ'talə]
telegram (het)	telegramă (f)	[tele'gramə]
postpakket (het)	colet (n)	[ko'let]
overschrijving (de)	mandat (n) poştal	[man'dat poʃ'tal]

ontvangen (ww)	a primi	[a pri'mi]
sturen (zenden)	a expedia	[a ekspedi'ja]
verzending (de)	expediere (f)	[ekspe'djere]

adres (het)	adresă (f)	[a'dresə]
postcode (de)	cod (n) poştal	[kod poʃ'tal]
verzender (de)	expeditor (m)	[ekspedi'tor]
ontvanger (de)	destinatar (m)	[destina'tar]
naam (de)	prenume (n)	[pre'nume]
achternaam (de)	nume (n)	['nume]

tarief (het)	tarif (n)	[ta'rif]
standaard (bn)	normal	[nor'mal]
zuinig (bn)	econom	[eko'nom]

gewicht (het)	greutate (f)	[greu'tate]
afwegen (op de weegschaal)	a cântări	[a kintə'ri]
envelop (de)	plic (n)	[plik]
postzegel (de)	timbru (n)	['timbru]
een postzegel plakken op	a lipi timbrul	[a li'pi 'timbrul]

43. Bankieren

| bank (de) | bancă (f) | ['bankə] |
| bankfiliaal (het) | sucursală (f) | [sukur'salə] |

| bankbediende (de) | consultant (m) | [konsul'tant] |
| manager (de) | director (m) | [di'rektor] |

bankrekening (de)	cont (n)	[kont]
rekeningnummer (het)	numărul (n) contului	['numərul 'kontuluj]
lopende rekening (de)	cont (n) curent	[kont ku'rent]
spaarrekening (de)	cont (n) de acumulare	[kont de akumu'lare]

een rekening openen	a deschide un cont	[a des'kide un kont]
de rekening sluiten	a închide contul	[a i'nkide 'kontul]
op rekening storten	a pune în cont	[a 'pune in 'kont]
opnemen (ww)	a extrage din cont	[a eks'tradʒe din kont]

storting (de)	depozit (n)	[de'pozit]
een storting maken	a depune	[a de'pune]
overschrijving (de)	transfer (n)	[trans'fer]
een overschrijving maken	a transfera	[a transfe'ra]

| som (de) | sumă (f) | ['sumə] |
| Hoeveel? | Cât? | [kɨt] |

| handtekening (de) | semnătură (f) | [semnə'turə] |
| ondertekenen (ww) | a semna | [a sem'na] |

kredietkaart (de)	carte (f) de credit	['karte de 'kredit]
code (de)	cod (n)	[kod]
kredietkaartnummer (het)	numărul (n) cărții de credit	['numərul kərtsij de 'kredit]
geldautomaat (de)	bancomat (n)	[banko'mat]

cheque (de)	cec (n)	[tʃek]
een cheque uitschrijven	a scrie un cec	[a 'skrie un tʃek]
chequeboekje (het)	carte (f) de cecuri	['karte de 'tʃekurⁱ]

lening, krediet (de)	credit (n)	['kredit]
een lening aanvragen	a solicita un credit	[a solitʃi'ta pe 'kredit]
een lening nemen	a lua pe credit	[a lu'a pe 'kredit]
een lening verlenen	a acorda credit	[a akor'da 'kredit]
garantie (de)	garanție (f)	[garan'tsie]

44. Telefoon. Telefoongesprek

telefoon (de)	telefon (n)	[tele'fon]
mobieltje (het)	telefon (n) mobil	[tele'fon mo'bil]
antwoordapparaat (het)	răspuns (n) automat	[rəs'puns auto'mat]

| bellen (ww) | a suna, a telefona | [a su'na], [a tele'fona] |
| belletje (telefoontje) | apel (n), convorbire (f) | [a'pel], [konvor'bire] |

een nummer draaien	a forma un număr	[a for'ma un 'numər]
Hallo!	Alo!	[a'lo]
vragen (ww)	a întreba	[a intre'ba]
antwoorden (ww)	a răspunde	[a rəs'punde]
horen (ww)	a auzi	[a au'zi]
goed (bw)	bine	['bine]

| slecht (bw) | rău | ['rəu] |
| storingen (mv.) | bruiaj (n) | [bru'jaʒ] |

hoorn (de)	receptor (n)	[retʃep'tor]
opnemen (ww)	a lua receptorul	[a lu'a retʃep'torul]
ophangen (ww)	a pune receptorul	[a 'pune retʃep'torul]

bezet (bn)	ocupat	[oku'pat]
overgaan (ww)	a suna	[a su'na]
telefoonboek (het)	carte (f) de telefon	['karte de tele'fon]

lokaal (bn)	local	[lo'kal]
interlokaal (bn)	interurban	[interur'ban]
buitenlands (bn)	internaţional	[internatsio'nal]

45. Mobiele telefoon

mobieltje (het)	telefon (n) mobil	[tele'fon mo'bil]
scherm (het)	ecran (n)	[e'kran]
toets, knop (de)	buton (n)	[bu'ton]
simkaart (de)	cartelă (f) SIM	[kar'telə 'sim]

batterij (de)	baterie (f)	[bate'rie]
leeg zijn (ww)	a se descărca	[a se deskər'ka]
acculader (de)	încărcător (m)	[ɨnkərkə'tor]

menu (het)	meniu (n)	[me'nju]
instellingen (mv.)	setări (f)	[se'tərʲ]
melodie (beltoon)	melodie (f)	[melo'die]
selecteren (ww)	a selecta	[a selek'ta]

rekenmachine (de)	calculator (n)	[kalkula'tor]
voicemail (de)	răspuns (n) automat	[rəs'puns auto'mat]
wekker (de)	ceas (n) deşteptător	[tʃas deʃteptə'tor]
contacten (mv.)	carte (f) de telefoane	['karte de telefo'ane]

| SMS-bericht (het) | SMS (n) | [ese'mes] |
| abonnee (de) | abonat (m) | [abo'nat] |

46. Schrijfbehoeften

| balpen (de) | stilou (n) | [sti'lou] |
| vulpen (de) | condei (n) | [kon'dej] |

potlood (het)	creion (n)	[kre'jon]
marker (de)	marcher (n)	['marker]
viltstift (de)	cariocă (f)	[kari'okə]

notitieboekje (het)	carneţel (n)	[karnə'tsəl]
agenda (boekje)	agendă (f)	[a'dʒendə]
liniaal (de/het)	riglă (f)	['riglə]
rekenmachine (de)	calculator (f)	[kalkula'tor]

gom (de)	radieră (f)	[radi'erə]
punaise (de)	piuneză (f)	[pju'nezə]
paperclip (de)	clamă (f)	['klamə]

lijm (de)	lipici (n)	[li'pitʃi]
nietmachine (de)	capsator (n)	[kapsa'tor]
perforator (de)	perforator (n)	[perfo'rator]
potloodslijper (de)	ascuțitoare (f)	[askutsito'are]

47. Vreemde talen

taal (de)	limbă (f)	['limbə]
vreemd (bn)	străin	[strə'in]
leren (bijv. van buiten ~)	a studia	[a studi'a]
studeren (Nederlands ~)	a învăța	[a invə'tsa]

lezen (ww)	a citi	[a tʃi'ti]
spreken (ww)	a vorbi	[a vor'bi]
begrijpen (ww)	a înțelege	[a intse'ledʒe]
schrijven (ww)	a scrie	[a 'skrie]

snel (bw)	repede	['repede]
langzaam (bw)	încet	[in'tʃet]
vloeiend (bw)	liber	['liber]

regels (mv.)	reguli (f pl)	['regulʲ]
grammatica (de)	gramatică (f)	[gra'matikə]
vocabulaire (het)	lexic (n)	['leksik]
fonetiek (de)	fonetică (f)	[fo'netikə]

leerboek (het)	manual (n)	[manu'al]
woordenboek (het)	dicționar (n)	[diktsio'nar]
leerboek (het) voor zelfstudie	manual (n) autodidactic	[manu'al autodi'daktik]
taalgids (de)	ghid (n) de conversație	[gid de konver'satsie]

cassette (de)	casetă (f)	[ka'setə]
videocassette (de)	casetă (f) video	[ka'setə 'video]
CD (de)	CD (n)	[si'di]
DVD (de)	DVD (n)	[divi'di]

alfabet (het)	alfabet (n)	[alfa'bet]
spellen (ww)	a spune pe litere	[a vor'bi pe 'litere]
uitspraak (de)	pronunție (f)	[pro'nuntsie]

accent (het)	accent (n)	[ak'tʃent]
met een accent (bw)	cu accent	['ku ak'tʃent]
zonder accent (bw)	fără accent	['fərə ak'tʃent]

woord (het)	cuvânt (n)	[ku'vint]
betekenis (de)	sens (n)	[sens]

cursus (de)	cursuri (n)	['kursurʲ]
zich inschrijven (ww)	a se înscrie	[a se in'skrie]
leraar (de)	profesor (m)	[pro'fesor]

vertaling (een ~ maken)	**traducere** (f)	[tra'dutʃere]
vertaling (tekst)	**traducere** (f)	[tra'dutʃere]
vertaler (de)	**traducător** (m)	[traduke'tor]
tolk (de)	**translator** (m)	[trans'lator]
polyglot (de)	**poliglot** (m)	[poli'glot]
geheugen (het)	**memorie** (f)	[me'morie]

MAALTIJDEN. RESTAURANT

48. Tafelschikking

lepel (de)	lingură (f)	['lingurə]
mes (het)	cuțit (n)	[ku'tsit]
vork (de)	furculiță (f)	[furku'litsə]
kopje (het)	ceaşcă (f)	['tʃaʃkə]
bord (het)	farfurie (f)	[farfu'rie]
schoteltje (het)	farfurioară (f)	[farfurio'arə]
servet (het)	şerveţel (n)	[ʃerve'tsel]
tandenstoker (de)	scobitoare (f)	[skobito'are]

49. Restaurant

restaurant (het)	restaurant (n)	[restau'rant]
koffiehuis (het)	cafenea (f)	[kafe'nʲa]
bar (de)	bar (n)	[bar]
tearoom (de)	salon (n) de ceai	[sa'lon de tʃaj]
kelner, ober (de)	chelner (m)	['kelner]
serveerster (de)	chelneriță (f)	[kelne'ritsə]
barman (de)	barman (m)	['barman]
menu (het)	meniu (n)	[me'nju]
wijnkaart (de)	meniu (n) de vinuri	[menju de 'vinurʲ]
een tafel reserveren	a rezerva o masă	[a rezer'va o 'masə]
gerecht (het)	mâncare (f)	[mɨn'kare]
bestellen (eten ~)	a comanda	[a koman'da]
een bestelling maken	a face comandă	[a 'fatʃe ko'mandə]
aperitief (de/het)	aperitiv (n)	[aperi'tiv]
voorgerecht (het)	gustare (f)	[gus'tare]
dessert (het)	desert (n)	[de'sert]
rekening (de)	notă (f) de plată	['notə de 'platə]
de rekening betalen	a achita nota de plată	[a aki'ta 'nota de 'platə]
wisselgeld teruggeven	a da rest	[a da 'rest]
fooi (de)	bacşiş (n)	[bak'ʃiʃ]

50. Maaltijden

eten (het)	mâncare (f)	[mɨn'kare]
eten (ww)	a mânca	[a mɨn'ka]

ontbijt (het)	micul dejun (n)	['mikul de'ʒun]
ontbijten (ww)	a lua micul dejun	[a lu'a 'mikul de'ʒun]
lunch (de)	prânz (n)	[prinz]
lunchen (ww)	a lua prânzul	[a lu'a 'prinzul]
avondeten (het)	cină (f)	['tʃinə]
souperen (ww)	a cina	[a tʃi'na]

eetlust (de)	poftă (f) de mâncare	['poftə de mi'nkare]
Eet smakelijk!	Poftă bună!	['poftə 'bunə]

openen (een fles ~)	a deschide	[a des'kide]
morsen (koffie, enz.)	a vărsa	[a vər'sa]
zijn gemorst	a se vărsa	[a se vər'sa]

koken (water kookt bij 100°C)	a fierbe	[a 'fjerbe]
koken (Hoe om water te ~)	a fierbe	[a 'fjerbe]
gekookt (~ water)	fiert	[fiert]
afkoelen (koeler maken)	a răci	[a rə'tʃi]
afkoelen (koeler worden)	a se răci	[a se rə'tʃi]

smaak (de)	gust (n)	[gust]
nasmaak (de)	aromă (f)	[a'romə]

volgen een dieet	a slăbi	[a slə'bi]
dieet (het)	dietă (f)	[di'etə]
vitamine (de)	vitamină (f)	[vita'minə]
calorie (de)	calorie (f)	[kalo'rie]
vegetariër (de)	vegetarian (m)	[vedʒetari'an]
vegetarisch (bn)	vegetarian	[vedʒetari'an]

vetten (mv.)	grăsimi (f pl)	[grə'simʲ]
eiwitten (mv.)	proteine (f pl)	[prote'ine]
koolhydraten (mv.)	hidrați (m pl) de carbon	[hi'dratsʲ de kar'bon]
snede (de)	felie (f)	[fe'lie]
stuk (bijv. een ~ taart)	bucată (f)	[bu'katə]
kruimel (de)	firimitură (f)	[firimi'turə]

51. Bereide gerechten

gerecht (het)	fel (n) de mâncare	[fel de mi'nkare]
keuken (bijv. Franse ~)	bucătărie (f)	[bukətə'rie]
recept (het)	rețetă (f)	[re'tsetə]
portie (de)	porție (f)	['portsie]

salade (de)	salată (f)	[sa'latə]
soep (de)	supă (f)	['supə]

bouillon (de)	supă (f) de carne	['supə de 'karne]
boterham (de)	tartină (f)	[tar'tinə]
spiegelei (het)	omletă (f)	[om'letə]

hamburger (de)	hamburger (m)	['hamburger]
biefstuk (de)	biftec (n)	[bif'tek]
garnering (de)	garnitură (f)	[garni'turə]

spaghetti (de)	spaghete (f pl)	[spa'gete]
aardappelpuree (de)	piure (n) de cartofi	[pju're de kar'tofi]
pizza (de)	pizza (f)	['pitsa]
pap (de)	caşă (f)	['kaʃə]
omelet (de)	omletă (f)	[om'letə]

gekookt (in water)	fiert	[fiert]
gerookt (bn)	afumat	[afu'mat]
gebakken (bn)	prăjit	[prə'ʒit]
gedroogd (bn)	uscat	[us'kat]
diepvries (bn)	congelat	[kondʒe'lat]
gemarineerd (bn)	marinat	[mari'nat]

zoet (bn)	dulce	['dulʧe]
gezouten (bn)	sărat	[sə'rat]
koud (bn)	rece	['reʧe]
heet (bn)	fierbinte	[fier'binte]
bitter (bn)	amar	[a'mar]
lekker (bn)	gustos	[gus'tos]

koken (in kokend water)	a fierbe	[a 'fjerbe]
bereiden (avondmaaltijd ~)	a găti	[a gə'ti]
bakken (ww)	a prăji	[a prə'ʒi]
opwarmen (ww)	a încălzi	[a ɨnkəl'zi]

zouten (ww)	a săra	[a sə'ra]
peperen (ww)	a pipera	[a pipe'ra]
raspen (ww)	a da prin răzătoare	[a da prin rəzeto'are]
schil (de)	coajă (f)	[ko'aʒə]
schillen (ww)	a curăţa	[a kure'tsa]

52. Voedsel

vlees (het)	carne (f)	['karne]
kip (de)	carne (f) de găină	['karne de gə'inə]
kuiken (het)	carne (f) de pui	['karne de puj]
eend (de)	carne (f) de raţă	['karne de 'ratse]
gans (de)	carne (f) de gâscă	['karne de 'gɨskə]
wild (het)	vânat (n)	[vɨ'nat]
kalkoen (de)	carne (f) de curcan	['karne de 'kurkan]

varkensvlees (het)	carne (f) de porc	['karne de pork]
kalfsvlees (het)	carne (f) de viţel	['karne de vi'tsel]
schapenvlees (het)	carne (f) de berbec	['karne de ber'bek]
rundvlees (het)	carne (f) de vită	['karne de 'vitə]
konijnenvlees (het)	carne (f) de iepure de casă	['karne de 'epure de 'kasə]

worst (de)	salam (n)	[sa'lam]
saucijs (de)	crenvurşt (n)	[kren'vurʃt]
spek (het)	costiţă (f) afumată	[kos'titse afu'matə]
ham (de)	şuncă (f)	['ʃunkə]
gerookte achterham (de)	pulpă (f)	['pulpə]
paté (de)	pateu (n)	[pa'teu]
lever (de)	ficat (m)	[fi'kat]

gehakt (het)	carne (f) tocată	['karne to'katə]
tong (de)	limbă (f)	['limbə]
ei (het)	ou (n)	['ow]
eieren (mv.)	ouă (n pl)	['owə]
eiwit (het)	albuş (n)	[al'buʃ]
eigeel (het)	gălbenuş	[gəlbe'nuʃ]
vis (de)	peşte (m)	['peʃte]
zeevruchten (mv.)	produse (n pl) marine	[pro'duse ma'rine]
kaviaar (de)	icre (f pl) de peşte	['ikre de 'peʃte]
krab (de)	crab (m)	[krab]
garnaal (de)	crevetă (f)	[kre'vetə]
oester (de)	stridie (f)	['stridie]
langoest (de)	langustă (f)	[lan'gustə]
octopus (de)	caracatiţă (f)	[kara'katitsə]
inktvis (de)	calmar (m)	[kal'mar]
steur (de)	carne (f) de nisetru	['karne de ni'setru]
zalm (de)	somon (m)	[so'mon]
heilbot (de)	calcan (m)	[kal'kan]
kabeljauw (de)	batog (m)	[ba'tog]
makreel (de)	macrou (n)	[ma'krou]
tonijn (de)	ton (m)	[ton]
paling (de)	ţipar (m)	[tsi'par]
forel (de)	păstrăv (m)	[pəs'trəv]
sardine (de)	sardea (f)	[sar'dʲa]
snoek (de)	ştiucă (f)	['ʃtjukə]
haring (de)	scrumbie (f)	[skrum'bie]
brood (het)	pâine (f)	['pɨne]
kaas (de)	caşcaval (n)	['brɨnzə]
suiker (de)	zahăr (n)	['zahər]
zout (het)	sare (f)	['sare]
rijst (de)	orez (n)	[o'rez]
pasta (de)	paste (f pl)	['paste]
noedels (mv.)	tăiţei (m)	[təi'tsej]
boter (de)	unt (n)	['unt]
plantaardige olie (de)	ulei (n) vegetal	[u'lej vedʒe'tal]
zonnebloemolie (de)	ulei (n) de floarea-soarelui	[u'lej de flo'arʲa so'areluj]
margarine (de)	margarină (f)	[marga'rinə]
olijven (mv.)	olive (f pl)	[o'live]
olijfolie (de)	ulei (n) de măsline	[u'lej de məs'line]
melk (de)	lapte (n)	['lapte]
gecondenseerde melk (de)	lapte (n) condensat	['lapte konden'sat]
yoghurt (de)	iaurt (n)	[ja'urt]
zure room (de)	smântână (f)	[smɨn'tɨnə]
room (de)	frişcă (f)	['friʃkə]
mayonaise (de)	maioneză (f)	[majo'nezə]

crème (de)	cremă (f)	['kremə]
graan (het)	crupe (f pl)	['krupe]
meel (het), bloem (de)	făină (f)	[fə'inə]
conserven (mv.)	conserve (f pl)	[kon'serve]

maïsvlokken (mv.)	fulgi (m pl) de porumb	['fuldʒi de po'rumb]
honing (de)	miere (f)	['mjere]
jam (de)	gem (n)	[dʒem]
kauwgom (de)	gumă (f) de mestecat	['gumə de meste'kat]

53. Drankjes

water (het)	apă (f)	['apə]
drinkwater (het)	apă (f) potabilă	['apə po'tabilə]
mineraalwater (het)	apă (f) minerală	['apə mine'ralə]

zonder gas	necarbogazoasă	[nekarbogazo'asə]
koolzuurhoudend (bn)	carbogazoasă	[karbogazo'asə]
bruisend (bn)	gazoasă	[gazo'asə]
ijs (het)	gheață (f)	['giatsə]
met ijs	cu gheață	[ku 'giatsə]

alcohol vrij (bn)	fără alcool	['fərə alko'ol]
alcohol vrije drank (de)	băutură (f) fără alcool	[bəu'turə fərə alko'ol]
frisdrank (de)	băutură (f) răcoritoare	[bəu'turə rəkorito'are]
limonade (de)	limonadă (f)	[limo'nadə]

alcoholische dranken (mv.)	băuturi (f pl) alcoolice	[bəu'turi alko'olitʃe]
wijn (de)	vin (n)	[vin]
witte wijn (de)	vin (n) alb	[vin alb]
rode wijn (de)	vin (n) roşu	[vin 'roʃu]

likeur (de)	lichior (n)	[li'kør]
champagne (de)	şampanie (f)	[ʃam'panie]
vermout (de)	vermut (n)	[ver'mut]

whisky (de)	whisky (n)	['wiski]
wodka (de)	votcă (f)	['votkə]
gin (de)	gin (n)	[dʒin]
cognac (de)	coniac (n)	[ko'njak]
rum (de)	rom (n)	[rom]

koffie (de)	cafea (f)	[ka'fia]
zwarte koffie (de)	cafea (f) neagră	[ka'fia 'niagrə]
koffie (de) met melk	cafea (f) cu lapte	[ka'fia ku 'lapte]
cappuccino (de)	cafea (f) cu frişcă	[ka'fia ku 'friʃkə]
oploskoffie (de)	cafea (f) solubilă	[ka'fia so'lubilə]

melk (de)	lapte (n)	['lapte]
cocktail (de)	cocteil (n)	[kok'tejl]
milkshake (de)	cocteil (n) din lapte	[kok'tejl din 'lapte]

sap (het)	suc (n)	[suk]
tomatensap (het)	suc (n) de roşii	[suk de 'roʃij]

| sinaasappelsap (het) | suc (n) de portocale | [suk de porto'kale] |
| vers geperst sap (het) | suc (n) natural | [suk natu'ral] |

bier (het)	bere (f)	['bere]
licht bier (het)	bere (f) blondă	['bere 'blondə]
donker bier (het)	bere (f) brună	['bere 'brunə]

thee (de)	ceai (n)	[t͡ʃaj]
zwarte thee (de)	ceai (n) negru	[t͡ʃaj 'negru]
groene thee (de)	ceai (n) verde	[t͡ʃaj 'verde]

54. Groenten

| groenten (mv.) | legume (f pl) | [le'gume] |
| verse kruiden (mv.) | verdeață (f) | [ver'dʲatsə] |

tomaat (de)	roşie (f)	['roʃie]
augurk (de)	castravete (m)	[kastra'vete]
wortel (de)	morcov (m)	['morkov]
aardappel (de)	cartof (m)	[kar'tof]
ui (de)	ceapă (f)	['t͡ʃapə]
knoflook (de)	usturoi (m)	[ustu'roj]

kool (de)	varză (f)	['varzə]
bloemkool (de)	conopidă (f)	[kono'pidə]
spruitkool (de)	varză (f) de Bruxelles	['varzə de bruk'sel]
broccoli (de)	broccoli (m)	['brokoli]
rode biet (de)	sfeclă (f)	['sfeklə]
aubergine (de)	pătlăgea (f) vânătă	[pətle'dʒʲa 'vɨnətə]
courgette (de)	dovlecel (m)	[dovle't͡ʃel]
pompoen (de)	dovleac (m)	[dov'lʲak]
raap (de)	nap (m)	[nap]

peterselie (de)	pătrunjel (m)	[pətrun'ʒel]
dille (de)	mărar (m)	[mə'rar]
sla (de)	salată (f)	[sa'latə]
selderij (de)	ţelină (f)	['tseline]
asperge (de)	sparanghel (m)	[sparan'gel]
spinazie (de)	spanac (n)	[spa'nak]
erwt (de)	mazăre (f)	['mazəre]
bonen (mv.)	boabe (f pl)	[bo'abe]
maïs (de)	porumb (m)	[po'rumb]
nierboon (de)	fasole (f)	[fa'sole]

peper (de)	piper (m)	[pi'per]
radijs (de)	ridiche (f)	[ri'dike]
artisjok (de)	anghinare (f)	[angi'nare]

55. Vruchten. Noten

| vrucht (de) | fruct (n) | [frukt] |
| appel (de) | măr (n) | [mər] |

peer (de)	pară (f)	['parə]
citroen (de)	lămâie (f)	[lə'mie]
sinaasappel (de)	portocală (f)	[porto'kalə]
aardbei (de)	căpşună (f)	[kəp'ʃunə]

mandarijn (de)	mandarină (f)	[manda'rinə]
pruim (de)	prună (f)	['prunə]
perzik (de)	piersică (f)	['pjersikə]
abrikoos (de)	caisă (f)	[ka'isə]
framboos (de)	zmeură (f)	['zmeurə]
ananas (de)	ananas (m)	[ana'nas]

banaan (de)	banană (f)	[ba'nanə]
watermeloen (de)	pepene (m) verde	['pepene 'verde]
druif (de)	struguri (m pl)	['struguri]
zure kers (de)	vişină (f)	['viʃinə]
zoete kers (de)	cireaşă (f)	[tʃi'rʲaʃə]
meloen (de)	pepene (m) galben	['pepene 'galben]

grapefruit (de)	grepfrut (n)	['grepfrut]
avocado (de)	avocado (n)	[avo'kado]
papaja (de)	papaia (f)	[pa'paja]
mango (de)	mango (n)	['mango]
granaatappel (de)	rodie (f)	['rodie]

rode bes (de)	coacăză (f) roşie	[ko'akəzə 'roʃie]
zwarte bes (de)	coacăză (f) neagră	[ko'akəzə 'nʲagrə]
kruisbes (de)	agrişă (f)	[a'griʃə]
blauwe bosbes (de)	afină (f)	[a'finə]
braambes (de)	mură (f)	['murə]

rozijn (de)	stafidă (f)	[sta'fidə]
vijg (de)	smochină (f)	[smo'kinə]
dadel (de)	curmală (f)	[kur'malə]

pinda (de)	arahidă (f)	[ara'hidə]
amandel (de)	migdală (f)	[mig'dalə]
walnoot (de)	nucă (f)	['nukə]
hazelnoot (de)	alună (f) de pădure	[a'lunə de pə'dure]
kokosnoot (de)	nucă (f) de cocos	['nukə de 'kokos]
pistaches (mv.)	fistic (m)	['fistik]

56. Brood. Snoep

suikerbakkerij (de)	produse (n pl) de cofetărie	[pro'duse də kofetə'rie]
brood (het)	pâine (f)	['pine]
koekje (het)	biscuit (m)	[bisku'it]

chocolade (de)	ciocolată (f)	[tʃioko'latə]
chocolade- (abn)	de, din ciocolată	[de, din tʃioko'latə]
snoepje (het)	bomboană (f)	[bombo'anə]
cakeje (het)	prăjitură (f)	[prəʒi'turə]
taart (bijv. verjaardags~)	tort (n)	[tort]
pastei (de)	plăcintă (f)	[plə'tʃintə]

vulling (de)	umplutură (f)	[umplu'turə]
confituur (de)	dulceață (f)	[dul'ʧatsə]
marmelade (de)	marmeladă (f)	[marme'ladə]
wafel (de)	napolitane (f pl)	[napoli'tane]
ijsje (het)	înghețată (f)	[inge'tsatə]

57. Kruiden

zout (het)	sare (f)	['sare]
gezouten (bn)	sărat	[sə'rat]
zouten (ww)	a săra	[a sə'ra]

zwarte peper (de)	piper (m) negru	[pi'per 'negru]
rode peper (de)	piper (m) roşu	[pi'per 'roʃu]
mosterd (de)	muştar (m)	[muʃ'tar]
mierikswortel (de)	hrean (n)	[hri'an]

condiment (het)	condiment (n)	[kondi'ment]
specerij, kruiderij (de)	condiment (n)	[kondi'ment]
saus (de)	sos (n)	[sos]
azijn (de)	oţet (n)	[o'tset]

anijs (de)	anason (m)	[ana'son]
basilicum (de)	busuioc (n)	[busu'jok]
kruidnagel (de)	cuişoare (f pl)	[kuiʃo'are]
gember (de)	ghimber (m)	[gim'ber]
koriander (de)	coriandru (m)	[kori'andru]
kaneel (de/het)	scorţişoară (f)	[skortsiʃo'arə]

sesamzaad (het)	susan (m)	[su'san]
laurierblad (het)	foi (f) de dafin	[foj de 'dafin]
paprika (de)	paprică (f)	['paprikə]
komijn (de)	chimen (m)	[ki'men]
saffraan (de)	şofran (m)	[ʃo'fran]

PERSOONLIJKE INFORMATIE. FAMILIE

58. Persoonlijke informatie. Formulieren

naam (de)	prenume (n)	[pre'nume]
achternaam (de)	nume (n)	['nume]
geboortedatum (de)	data (f) naşterii	['data 'naʃterij]
geboorteplaats (de)	locul (n) naşterii	['lokul 'naʃterij]
nationaliteit (de)	naţionalitate (f)	[natsionali'tate]
woonplaats (de)	locul (n) de reşedinţă	['lokul de reʃe'dintsə]
land (het)	ţară (f)	['tsarə]
beroep (het)	profesie (f)	[pro'fesie]
geslacht (ov. het vrouwelijk ~)	sex (n)	[seks]
lengte (de)	înălţime (f)	[inəl'tsime]
gewicht (het)	greutate (f)	[greu'tate]

59. Familieleden. Verwanten

moeder (de)	mamă (f)	['mamə]
vader (de)	tată (m)	['tatə]
zoon (de)	fiu (m)	['fju]
dochter (de)	fiică (f)	['fiikə]
jongste dochter (de)	fiica (f) mai mică	['fiika maj 'mikə]
jongste zoon (de)	fiul (m) mai mic	['fjul maj mik]
oudste dochter (de)	fiica (f) mai mare	['fiika maj 'mare]
oudste zoon (de)	fiul (m) mai mare	['fjul maj 'mare]
broer (de)	frate (m)	['frate]
zuster (de)	soră (f)	['sorə]
neef (zoon van oom, tante)	văr (m)	[vər]
nicht (dochter van oom, tante)	vară (f)	['varə]
mama (de)	mamă (f)	['mamə]
papa (de)	tată (m)	['tatə]
ouders (mv.)	părinţi (m pl)	[pə'rintsʲ]
kind (het)	copil (m)	[ko'pil]
kinderen (mv.)	copii (m pl)	[ko'pij]
oma (de)	bunică (f)	[bu'nikə]
opa (de)	bunic (m)	[bu'nik]
kleinzoon (de)	nepot (m)	[ne'pot]
kleindochter (de)	nepoată (f)	[nepo'atə]
kleinkinderen (mv.)	nepoţi (m pl)	[ne'potsʲ]

oom (de)	unchi (m)	[unkʲ]
tante (de)	mătuşă (f)	[mə'tuʃə]
neef (zoon van broer, zus)	nepot (m)	[ne'pot]
nicht (dochter van broer, zus)	nepoată (f)	[nepo'atə]

schoonmoeder (de)	soacră (f)	[so'akrə]
schoonvader (de)	socru (m)	['sokru]
schoonzoon (de)	cumnat (m)	[kum'nat]
stiefmoeder (de)	mamă vitregă (f)	['mamə 'vitregə]
stiefvader (de)	tată vitreg (m)	['tatə 'vitreg]

zuigeling (de)	sugaci (m)	[su'gatʃi]
wiegenkind (het)	prunc (m)	[prunk]
kleuter (de)	pici (m)	[pitʃi]

vrouw (de)	soţie (f)	[so'tsie]
man (de)	soţ (m)	[sots]
echtgenoot (de)	soţ (m)	[sots]
echtgenote (de)	soţie (f)	[so'tsie]

gehuwd (mann.)	căsătorit	[kəsəto'rit]
gehuwd (vrouw.)	căsătorită	[kəsəto'ritə]
ongehuwd (mann.)	celibatar (m)	[tʃeliba'tar]
vrijgezel (de)	burlac (m)	[bur'lak]
gescheiden (bn)	divorţat	[divor'tsat]
weduwe (de)	văduvă (f)	[vəduvə]
weduwnaar (de)	văduv (m)	[vəduv]

familielid (het)	rudă (f)	['rudə]
dichte familielid (het)	rudă (f) apropiată	['rudə apropi'jatə]
verre familielid (het)	rudă (f) îndepărtată	['rudə ɨndeper'tatə]
familieleden (mv.)	rude (f pl) de sânge	['rude de 'sɨndʒe]

wees (de), weeskind (het)	orfan (m)	[or'fan]
voogd (de)	tutore (m)	[tu'tore]
adopteren (een jongen te ~)	a adopta	[a adop'ta]
adopteren (een meisje te ~)	a adopta	[a adop'ta]

60. Vrienden. Collega's

vriend (de)	prieten (m)	[pri'eten]
vriendin (de)	prietenă (f)	[pri'etenə]
vriendschap (de)	prietenie (f)	[priete'nie]
bevriend zijn (ww)	a prieteni	[a priete'ni]

makker (de)	amic (m)	[a'mik]
vriendin (de)	amică (f)	[a'mikə]
partner (de)	partener (m)	[parte'ner]

chef (de)	şef (m)	[ʃef]
baas (de)	director (m)	[di'rektor]
ondergeschikte (de)	subordonat (m)	[subordo'nat]
collega (de)	coleg (m)	[ko'leg]
kennis (de)	cunoscut (m)	[kunos'kut]

| medereiziger (de) | tovarăş (m) de drum | [to'varəʃ de drum] |
| klasgenoot (de) | coleg (m) de clasă | [ko'leg de 'klasə] |

buurman (de)	vecin (m)	[ve'tʃin]
buurvrouw (de)	vecină (f)	[ve'tʃinə]
buren (mv.)	vecini (m pl)	[ve'tʃinⁱ]

MENSELIJK LICHAAM. GENEESKUNDE

61. Hoofd

hoofd (het)	cap (n)	[kap]
gezicht (het)	faţă (f)	['fatsə]
neus (de)	nas (n)	[nas]
mond (de)	gură (f)	['gurə]

oog (het)	ochi (m)	[okʲ]
ogen (mv.)	ochi (m pl)	[okʲ]
pupil (de)	pupilă (f)	[pu'pilə]
wenkbrauw (de)	sprânceană (f)	[sprin'tʃanə]
wimper (de)	geană (f)	['dʒanə]
ooglid (het)	pleoapă (f)	[pleo'apə]

tong (de)	limbă (f)	['limbə]
tand (de)	dinte (m)	['dinte]
lippen (mv.)	buze (f pl)	['buze]
jukbeenderen (mv.)	pomeţi (m pl)	[po'metsʲ]
tandvlees (het)	gingie (f)	[dʒin'dʒie]
gehemelte (het)	palat (n)	[pa'lat]

neusgaten (mv.)	nări (f pl)	[nərʲ]
kin (de)	bărbie (f)	[bər'bie]
kaak (de)	maxilar (n)	[maksi'lar]
wang (de)	obraz (m)	[o'braz]

voorhoofd (het)	frunte (f)	['frunte]
slaap (de)	tâmplă (f)	['timplə]
oor (het)	ureche (f)	[u'reke]
achterhoofd (het)	ceafă (f)	['tʃafə]
hals (de)	gât (n)	[git]
keel (de)	gât (n)	[git]

haren (mv.)	păr (m)	[pər]
kapsel (het)	coafură (f)	[koa'furə]
haarsnit (de)	tunsoare (f)	[tunso'are]
pruik (de)	perucă (f)	[pe'rukə]

snor (de)	mustăţi (f pl)	[mus'tətsʲ]
baard (de)	barbă (f)	['barbə]
dragen (een baard, enz.)	a purta	[a pur'ta]
vlecht (de)	cosiţă (f)	[ko'sitsə]
bakkebaarden (mv.)	favoriţi (m pl)	[favo'ritsʲ]

ros (roodachtig, rossig)	roşcat	[roʃ'kat]
grijs (~ haar)	cărunt	[kə'runt]
kaal (bn)	chel	[kel]
kale plek (de)	chelie (f)	[ke'lie]

| paardenstaart (de) | coadă (f) | [ko'adə] |
| pony (de) | breton (n) | [bre'ton] |

62. Menselijk lichaam

| hand (de) | mână (f) | ['minə] |
| arm (de) | braţ (n) | [brats] |

vinger (de)	deget (n)	['dedʒet]
duim (de)	degetul (n) mare	['dedʒetul 'mare]
pink (de)	degetul (n) mic	['dedʒetul mik]
nagel (de)	unghie (f)	['ungie]

vuist (de)	pumn (m)	[pumn]
handpalm (de)	palmă (f)	['palmə]
pols (de)	încheietura (f) mâinii	[inkeje'tura 'minij]
voorarm (de)	antebraţ (n)	[ante'brats]
elleboog (de)	cot (n)	[kot]
schouder (de)	umăr (m)	['umər]

been (rechter ~)	picior (n)	[pi'ʧior]
voet (de)	talpă (f)	['talpə]
knie (de)	genunchi (n)	[dʒe'nunkⁱ]
kuit (de)	pulpă (f)	['pulpə]
heup (de)	coapsă (f)	[ko'apsə]
hiel (de)	călcâi (n)	[kəl'kij]

lichaam (het)	corp (n)	[korp]
buik (de)	burtă (f)	['burtə]
borst (de)	piept (n)	[pjept]
borst (de)	sân (m)	[sin]
zijde (de)	coastă (f)	[ko'astə]
rug (de)	spate (n)	['spate]
lage rug (de)	regiune (f) lombară	[redʒi'une lom'barə]
taille (de)	talie (f)	['talie]

navel (de)	buric (n)	[bu'rik]
billen (mv.)	fese (f pl)	['fese]
achterwerk (het)	şezut (n)	[ʃə'zut]

huidvlek (de)	aluniţă (f)	[alu'nitsə]
moedervlek (de)	semn (n) din naştere	[semn din 'naʃtere]
tatoeage (de)	tatuaj (n)	[tatu'aʒ]
litteken (het)	cicatrice (f)	[ʧika'triʧe]

63. Ziekten

ziekte (de)	boală (f)	[bo'alə]
ziek zijn (ww)	a fi bolnav	[a fi bol'nav]
gezondheid (de)	sănătate (f)	[sənə'tate]
snotneus (de)	guturai (n)	[gutu'raj]
angina (de)	anghină (f)	[a'nginə]

| verkoudheid (de) | răceală (f) | [rə'tʃalə] |
| verkouden raken (ww) | a răci | [a rə'tʃi] |

bronchitis (de)	bronşită (f)	[bron'ʃitə]
longontsteking (de)	pneumonie (f)	[pneumo'nie]
griep (de)	gripă (f)	['gripə]

bijziend (bn)	miop	[mi'op]
verziend (bn)	prezbit	[prez'bit]
scheelheid (de)	strabism (n)	[stra'bism]
scheel (bn)	saşiu	[sa'ʃiu]
grauwe staar (de)	cataractă (f)	[kata'raktə]
glaucoom (het)	glaucom (n)	[glau'kom]

beroerte (de)	congestie (f)	[kon'dʒestie]
hartinfarct (het)	infarct (n)	[in'farkt]
myocardiaal infarct (het)	infarct (n) miocardic	[in'farkt mio'kardik]
verlamming (de)	paralizie (f)	[parali'zie]
verlammen (ww)	a paraliza	[a parali'za]

allergie (de)	alergie (f)	[aler'dʒie]
astma (de/het)	astmă (f)	['astmə]
diabetes (de)	diabet (n)	[dia'bet]

| tandpijn (de) | durere (f) de dinţi | [du'rere de dints] |
| tandbederf (het) | carie (f) | ['karie] |

diarree (de)	diaree (f)	[dia'ree]
constipatie (de)	constipaţie (f)	[konsti'patsie]
maagstoornis (de)	deranjament (n) la stomac	[deranʒa'ment la sto'mak]
voedselvergiftiging (de)	intoxicare (f)	[intoksi'kare]
voedselvergiftiging oplopen	a se intoxica	[a se intoksi'ka]

artritis (de)	artrită (f)	[ar'tritə]
rachitis (de)	rahitism (n)	[rahi'tism]
reuma (het)	reumatism (n)	[reuma'tism]
arteriosclerose (de)	ateroscleroză (f)	[arterioskle'rozə]

gastritis (de)	gastrită (f)	[gas'tritə]
blindedarmontsteking (de)	apendicită (f)	[apendi'tʃitə]
galblaasontsteking (de)	colecistită (f)	[koletʃis'titə]
zweer (de)	ulcer (n)	[ul'tʃer]

mazelen (mv.)	pojar	[po'ʒar]
rodehond (de)	rubeolă (f)	[ruʒe'olə]
geelzucht (de)	icter (n)	['ikter]
leverontsteking (de)	hepatită (f)	[hepa'titə]

schizofrenie (de)	schizofrenie (f)	[skizofre'nie]
dolheid (de)	turbare (f)	[tur'bare]
neurose (de)	nevroză (f)	[ne'vrozə]
hersenschudding (de)	comoţie (f) cerebrală	[ko'motsie tʃerə'bralə]

kanker (de)	cancer (n)	['kantʃer]
sclerose (de)	scleroză (f)	[skle'rozə]
multiple sclerose (de)	scleroză multiplă (f)	[skle'rozə mul'tiplə]

alcoholisme (het)	alcoolism (n)	[alkoo'lizm]
alcoholicus (de)	alcoolic (m)	[alko'olik]
syfilis (de)	sifilis (n)	['sifilis]
AIDS (de)	SIDA (f)	['sida]
tumor (de)	tumoare (f)	[tumo'are]
kwaadaardig (bn)	malignă	[ma'ligne]
goedaardig (bn)	benignă	[be'nigne]
koorts (de)	friguri (n pl)	['friguri']
malaria (de)	malarie (f)	[mala'rie]
gangreen (het)	cangrenă (f)	[kan'grene]
zeeziekte (de)	rău (n) de mare	[reu de 'mare]
epilepsie (de)	epilepsie (f)	[epilep'sie]
epidemie (de)	epidemie (f)	[epide'mie]
tyfus (de)	tifos (n)	['tifos]
tuberculose (de)	tuberculoză (f)	[tuberku'loze]
cholera (de)	holeră (f)	['holere]
pest (de)	ciumă (f)	['ʧiume]

64. Symptomen. Behandelingen. Deel 1

symptoom (het)	simptom (n)	[simp'tom]
temperatuur (de)	temperatură (f)	[tempera'ture]
verhoogde temperatuur (de)	febră (f)	['febre]
polsslag (de)	puls (n)	[puls]
duizeling (de)	amețeală (f)	[ame'tsiale]
heet (erg warm)	fierbinte	[fier'binte]
koude rillingen (mv.)	frisoane (n pl)	[friso'ane]
bleek (bn)	palid	['palid]
hoest (de)	tuse (f)	['tuse]
hoesten (ww)	a tuşi	[a tu'ʃi]
niezen (ww)	a strănuta	[a strenu'ta]
flauwte (de)	leşin (n)	[le'ʃin]
flauwvallen (ww)	a leşina	[a leʃi'na]
blauwe plek (de)	vânătaie (f)	[vɨne'tae]
buil (de)	cucui (n)	[ku'kuj]
zich stoten (ww)	a se lovi	[a se lo'vi]
kneuzing (de)	contuzie (f)	[kon'tuzie]
kneuzen (gekneusd zijn)	a se lovi	[a se lo'vi]
hinken (ww)	a şchiopăta	[a ʃkiope'ta]
verstuiking (de)	luxaţie (f)	[luk'satsie]
verstuiken (enkel, enz.)	a luxa	[a luk'sa]
breuk (de)	fractură (f)	[frak'ture]
een breuk oplopen	a fractura	[a fraktu'ra]
snijwond (de)	tăietură (f)	[tee'ture]
zich snijden (ww)	a se tăia	[a se te'ja]
bloeding (de)	sângerare (f)	[sɨnʤe'rare]

| brandwond (de) | arsură (f) | [ar'surə] |
| zich branden (ww) | a se frige | [a se 'fridʒe] |

prikken (ww)	a înțepa	[a ințse'pa]
zich prikken (ww)	a se înțepa	[a s ințse'pa]
blesseren (ww)	a se răni	[a se rə'ni]
blessure (letsel)	vătămare (f)	[vətə'mare]
wond (de)	rană (f)	['ranə]
trauma (het)	traumă (f)	['traumə]

ijlen (ww)	a delira	[a deli'ra]
stotteren (ww)	a se bâlbâi	[a se bilbi'i]
zonnesteek (de)	insolație (f)	[inso'latsie]

65. Symptomen. Behandelingen. Deel 2

| pijn (de) | durere (f) | [du'rere] |
| splinter (de) | ghimpe (m) | ['gimpe] |

zweet (het)	transpirație (f)	[transpi'ratsie]
zweten (ww)	a transpira	[a transpi'ra]
braking (de)	vomă (f)	['vomə]
stuiptrekkingen (mv.)	convulsii (f pl)	[kon'vulsij]

zwanger (bn)	gravidă (f)	[gra'vidə]
geboren worden (ww)	a se naşte	[a se 'naʃte]
geboorte (de)	naştere (f)	['naʃtere]
baren (ww)	a naşte	[a 'naʃte]
abortus (de)	avort (n)	[a'vort]

ademhaling (de)	respirație (f)	[respi'ratsie]
inademing (de)	inspirație (f)	[inspi'ratsie]
uitademing (de)	expirație (f)	[ekspi'ratsie]
uitademen (ww)	a expira	[a ekspi'ra]
inademen (ww)	a inspira	[a inspi'ra]

invalide (de)	invalid (m)	[inva'lid]
gehandicapte (de)	infirm (m)	[in'firm]
drugsverslaafde (de)	narcoman (m)	[narko'man]

doof (bn)	surd	[surd]
stom (bn)	mut	[mut]
doofstom (bn)	surdo-mut	[surdo'mut]

krankzinnig (bn)	nebun	[ne'bun]
krankzinnige (man)	nebun (m)	[ne'bun]
krankzinnige (vrouw)	nebună (f)	[ne'bunə]
krankzinnig worden	a înnebuni	[a innebu'ni]

gen (het)	genă (f)	['dʒenə]
immuniteit (de)	imunitate (f)	[imuni'tate]
erfelijk (bn)	ereditar	[eredi'tar]
aangeboren (bn)	congenital	[kondʒeni'tal]
virus (het)	virus (m)	['virus]

microbe (de)	microb (m)	[mi'krob]
bacterie (de)	bacterie (f)	[bak'terie]
infectie (de)	infecţie (f)	[in'fektsie]

66. Symptomen. Behandelingen. Deel 3

| ziekenhuis (het) | spital (n) | [spi'tal] |
| patiënt (de) | pacient (m) | [patʃi'ent] |

diagnose (de)	diagnostic (n)	[diag'nostik]
genezing (de)	tratament (n)	[trata'ment]
onder behandeling zijn	a urma tratament	[a ur'ma trata'ment]
behandelen (ww)	a trata	[a tra'ta]
zorgen (zieken ~)	a îngriji	[a ingri'ʒi]
ziekenzorg (de)	îngrijire (f)	[ingri'ʒire]

operatie (de)	operaţie (f)	[ope'ratsie]
verbinden (een arm ~)	a pansa	[a pan'sa]
verband (het)	pansare (f)	[pan'sare]

vaccin (het)	vaccin (n)	[vak'tʃin]
inenten (vaccineren)	a vaccina	[a vaktʃi'na]
injectie (de)	injecţie (f)	[in'ʒektsie]
een injectie geven	a face injecţie	[a 'fatʃe in'ʒektsie]

amputatie (de)	amputare (f)	[ampu'tare]
amputeren (ww)	a amputa	[a ampu'ta]
coma (het)	comă (f)	['komə]
in coma liggen	a fi în comă	[a fi in 'komə]
intensieve zorg, ICU (de)	reanimare (f)	[reani'mare]

zich herstellen (ww)	a se vindeca	[a se vinde'ka]
toestand (de)	stare (f)	['stare]
bewustzijn (het)	conştiinţă (f)	[konʃti'intsə]
geheugen (het)	memorie (f)	[me'morie]

trekken (een kies ~)	a extrage	[a eks'tradʒe]
vulling (de)	plombă (f)	['plombə]
vullen (ww)	a plomba	[a plom'ba]

| hypnose (de) | hipnoză (f) | [hip'nozə] |
| hypnotiseren (ww) | a hipnotiza | [a hipnoti'za] |

67. Geneeskunde. Medicijnen. Accessoires

geneesmiddel (het)	medicament (n)	[medika'ment]
middel (het)	remediu (n)	[re'medju]
recept (het)	reţetă (f)	[re'tsetə]

tablet (de/het)	pastilă (f)	[pas'tilə]
zalf (de)	unguent (n)	[ungu'ent]
ampul (de)	fiolă (f)	[fi'olə]

drank (de)	mixtură (f)	[miks'turə]
siroop (de)	sirop (n)	[si'rop]
pil (de)	pilulă (f)	[pi'lulə]
poeder (de/het)	praf (n)	[praf]

verband (het)	bandaj (n)	[ban'daʒ]
watten (mv.)	vată (f)	['vatə]
jodium (het)	iod (n)	[jod]

pleister (de)	leucoplast (n)	[leuko'plast]
pipet (de)	pipetă (f)	[pi'petə]
thermometer (de)	termometru (n)	[termo'metru]
spuit (de)	seringă (f)	[se'ringə]

| rolstoel (de) | cărucior (n) pentru invalizi | [kəru'tʃior 'pentru inva'lizi] |
| krukken (mv.) | cârje (f pl) | ['kirʒe] |

pijnstiller (de)	anestezic (n)	[anes'tezik]
laxeermiddel (het)	laxativ (n)	[laksa'tiv]
spiritus (de)	spirt (n)	[spirt]
medicinale kruiden (mv.)	plante (f pl) medicinale	['plante meditʃi'nale]
kruiden- (abn)	din plante medicinale	[din 'plante meditʃi'nale]

APPARTEMENT

68. Appartement

appartement (het)	apartament (n)	[aparta'ment]
kamer (de)	cameră (f)	['kamerə]
slaapkamer (de)	dormitor (n)	[dormi'tor]
eetkamer (de)	sufragerie (f)	[sufradʒe'rie]
salon (de)	salon (n)	[sa'lon]
studeerkamer (de)	cabinet (n)	[kabi'net]
gang (de)	antreu (n)	[an'treu]
badkamer (de)	baie (f)	['bae]
toilet (het)	toaletă (f)	[toa'letə]
plafond (het)	pod (n)	[pod]
vloer (de)	podea (f)	[po'dʲa]
hoek (de)	colț (n)	[kolʦ]

69. Meubels. Interieur

meubels (mv.)	mobilă (f)	['mobilə]
tafel (de)	masă (f)	['masə]
stoel (de)	scaun (n)	['skaun]
bed (het)	pat (n)	[pat]
bankstel (het)	divan (n)	[di'van]
fauteuil (de)	fotoliu (n)	[fo'tolju]
boekenkast (de)	dulap (n) de cărți	[du'lap de kərʦ]
boekenrek (het)	raft (n)	[raft]
kledingkast (de)	dulap (n) de haine	[du'lap de 'hajne]
kapstok (de)	cuier (n) perete	[ku'jer pe'rete]
staande kapstok (de)	cuier (n) pom	[ku'jer pom]
commode (de)	comodă (f)	[ko'modə]
salontafeltje (het)	măsuță (f)	[mə'suʦə]
spiegel (de)	oglindă (f)	[og'lində]
tapijt (het)	covor (n)	[ko'vor]
tapijtje (het)	carpetă (f)	[kar'petə]
haard (de)	şemineu (n)	[ʃemi'neu]
kaars (de)	lumânare (f)	[lumʲ'nare]
kandelaar (de)	sfeşnic (n)	['sfeʃnik]
gordijnen (mv.)	draperii (f pl)	[drape'rij]
behang (het)	tapet (n)	[ta'pet]

jaloezie (de)	jaluzele (f pl)	[ʒalu'zele]
bureaulamp (de)	lampă (f) de birou	['lampə de bi'rou]
wandlamp (de)	lampă (f)	['lampə]
staande lamp (de)	lampă (f) cu picior	['lampə ku pi'tʃior]
luchter (de)	lustră (f)	['lustrə]

poot (ov. een tafel, enz.)	picior (n)	[pi'tʃior]
armleuning (de)	braţ (n) la fotoliu	['brats la fo'tolju]
rugleuning (de)	spătar (n)	[spə'tar]
la (de)	sertar (n)	[ser'tar]

70. Beddengoed

beddengoed (het)	lenjerie (f)	[lenʒe'rie]
kussen (het)	pernă (f)	['pernə]
kussenovertrek (de)	faţă (f) de pernă	['fatsə de 'pernə]
deken (de)	plapumă (f)	['plapumə]
laken (het)	cearşaf (n)	[tʃar'ʃaf]
sprei (de)	pătură (f)	[pəturə]

71. Keuken

keuken (de)	bucătărie (f)	[bukətə'rie]
gas (het)	gaz (n)	[gaz]
gasfornuis (het)	aragaz (n)	[ara'gaz]
elektrisch fornuis (het)	plită (f) electrică	['plitə e'lektrikə]
oven (de)	cuptor (n)	[kup'tor]
magnetronoven (de)	cuptor (n) cu microunde	[kup'tor ku mikro'unde]

koelkast (de)	frigider (n)	[fridʒi'der]
diepvriezer (de)	congelator (n)	[kondʒela'tor]
vaatwasmachine (de)	maşină (f) de spălat vase	[ma'ʃinə de spə'lat 'vase]

vleesmolen (de)	maşină (f) de tocat carne	[ma'ʃinə de to'kat 'karne]
vruchtenpers (de)	storcător (n)	[storkə'tor]
toaster (de)	prăjitor (n) de pâine	[prəʒi'tor de 'pine]
mixer (de)	mixer (n)	['mikser]

koffiemachine (de)	fierbător (n) de cafea	[fierbə'tor de ka'fʲa]
koffiepot (de)	ibric (n)	[i'brik]
koffiemolen (de)	râşniţă (f) de cafea	['riʃnitsə de ka'fʲa]

fluitketel (de)	ceainic (n)	['tʃajnik]
theepot (de)	ceainic (n)	['tʃajnik]
deksel (de/het)	capac (n)	[ka'pak]
theezeefje (het)	strecurătoare (f)	[strekurəto'are]

lepel (de)	lingură (f)	['lingurə]
theelepeltje (het)	linguriţă (f) de ceai	[lingu'ritsə de tʃaj]
eetlepel (de)	lingură (f)	['lingurə]
vork (de)	furculiţă (f)	[furku'litsə]
mes (het)	cuţit (n)	[ku'tsit]

vaatwerk (het)	vase (n pl)	['vase]
bord (het)	farfurie (f)	[farfu'rie]
schoteltje (het)	farfurioară (f)	[farfurio'are]

likeurglas (het)	păhărel (n)	[pəhə'rel]
glas (het)	pahar (n)	[pa'har]
kopje (het)	ceaşcă (f)	['ʧaʃkə]

suikerpot (de)	zaharniţă (f)	[za'harnitse]
zoutvat (het)	solniţă (f)	['solnitse]
pepervat (het)	pipernită (f)	[pi'pernitse]
boterschaaltje (het)	untieră (f)	[un'tjere]

pan (de)	cratiţă (f)	['kratitse]
bakpan (de)	tigaie (f)	[ti'gae]
pollepel (de)	polonic (n)	[polo'nik]
vergiet (de/het)	strecurătoare (f)	[strekureto'are]
dienblad (het)	tavă (f)	['tave]

fles (de)	sticlă (f)	['stikle]
glazen pot (de)	borcan (n)	[bor'kan]
blik (conserven~)	cutie (f)	[ku'tie]

flesopener (de)	deschizător (n) de sticle	[deskize'tor de 'stikle]
blikopener (de)	deschizător (n) de conserve	[deskize'tor de kon'serve]
kurkentrekker (de)	tirbuşon (n)	[tirbu'ʃon]
filter (de/het)	filtru (n)	['filtru]
filteren (ww)	a filtra	[a fil'tra]

huisvuil (het)	gunoi (n)	[gu'noj]
vuilnisemmer (de)	coş (n) de gunoi	[koʃ de gu'noj]

72. Badkamer

badkamer (de)	baie (f)	['bae]
water (het)	apă (f)	['apə]
kraan (de)	robinet (n)	[robi'net]
warm water (het)	apă (f) fierbinte	['ape fjer'binte]
koud water (het)	apă (f) rece	['ape 'reʧe]

tandpasta (de)	pastă (f) de dinţi	['paste de dintsʲ]
tanden poetsen (ww)	a se spăla pe dinţi	[a se spe'la pe dintsʲ]

zich scheren (ww)	a se bărbieri	[a se berbie'ri]
scheercrème (de)	spumă (f) de ras	['spume de 'ras]
scheermes (het)	brici (n)	['briʧi]

wassen (ww)	a spăla	[a spe'la]
een bad nemen	a se spăla	[a se spe'la]
douche (de)	duş (n)	[duʃ]
een douche nemen	a face duş	[a 'faʧe duʃ]

bad (het)	cadă (f)	['kade]
toiletpot (de)	closet (n)	[klo'set]

wastafel (de)	chiuvetă (f)	[kju'vetə]
zeep (de)	săpun (n)	[sə'pun]
zeepbakje (het)	săpunieră (f)	[səpu'njerə]

spons (de)	burete (n)	[bu'rete]
shampoo (de)	şampon (n)	[ʃam'pon]
handdoek (de)	prosop (n)	[pro'sop]
badjas (de)	halat (n)	[ha'lat]

was (bijv. handwas)	spălat (n)	[spə'lat]
wasmachine (de)	maşină (f) de spălat	[ma'ʃinə de spə'lat]
de was doen	a spăla haine	[a spə'la 'hajne]
waspoeder (de)	detergent (n)	[deter'dʒent]

73. Huishoudelijke apparaten

televisie (de)	televizor (n)	[televi'zor]
cassettespeler (de)	casetofon (n)	[kaseto'fon]
videorecorder (de)	videomagnetofon (n)	[videomagneto'fon]
radio (de)	aparat (n) de radio	[apa'rat de 'radio]
speler (de)	CD player (n)	[si'di 'pleer]

videoprojector (de)	proiector (n) video	[proek'tor 'video]
home theater systeem (het)	sistem (n) home cinema	[sis'tem 'houm 'sinema]
DVD-speler (de)	DVD-player (n)	[divi'di 'pleer]
versterker (de)	amplificator (n)	[amplifi'kator]
spelconsole (de)	consolă (f) de jocuri	[kon'sole de 'ʒokurʲ]

videocamera (de)	cameră (f) video	['kamerə 'video]
fotocamera (de)	aparat (n) foto	[apa'rat 'foto]
digitale camera (de)	aparat (n) foto digital	[apa'rat 'foto didʒi'tal]

stofzuiger (de)	aspirator (n)	[aspira'tor]
strijkijzer (het)	fier (n) de călcat	[fier de kəl'kat]
strijkplank (de)	masă (f) de călcat	['masə de kəl'kat]

telefoon (de)	telefon (n)	[tele'fon]
mobieltje (het)	telefon (n) mobil	[tele'fon mo'bil]
schrijfmachine (de)	maşină (f) de scris	[ma'ʃinə de skris]
naaimachine (de)	maşină (f) de cusut	[ma'ʃine de ku'sut]

microfoon (de)	microfon (n)	[mikro'fon]
koptelefoon (de)	căşti (f pl)	[kəʃtʲ]
afstandsbediening (de)	telecomandă (f)	[teleko'mandə]

CD (de)	CD (n)	[si'di]
cassette (de)	casetă (f)	[ka'setə]
vinylplaat (de)	placă (f)	['plakə]

DE AARDE. WEER

74. De kosmische ruimte

kosmos (de)	cosmos (n)	['kosmos]
kosmisch (bn)	cosmic	['kosmik]
kosmische ruimte (de)	spaţiu (n) cosmic	['spatsju 'kosmik]
sterrenstelsel (het)	galaxie (f)	[galak'sie]
ster (de)	stea (f)	[st'a]
sterrenbeeld (het)	constelaţie (f)	[konste'latsie]
planeet (de)	planetă (f)	[pla'netə]
satelliet (de)	satelit (m)	[sate'lit]
meteoriet (de)	meteorit (m)	[meteo'rit]
komeet (de)	cometă (f)	[ko'metə]
asteroïde (de)	asteroid (m)	[astero'id]
baan (de)	orbită (f)	[or'bitə]
draaien (om de zon, enz.)	a se roti	[a se ro'ti]
atmosfeer (de)	atmosferă (f)	[atmos'ferə]
Zon (de)	soare (n)	[so'are]
zonnestelsel (het)	sistem (n) solar	[sis'tem so'lar]
zonsverduistering (de)	eclipsă (f) de soare	[ek'lipsə de so'are]
Aarde (de)	Pământ (n)	[pə'mint]
Maan (de)	Lună (f)	['lunə]
Mars (de)	Marte (m)	['marte]
Venus (de)	Venus (f)	['venus]
Jupiter (de)	Jupiter (m)	['ʒupiter]
Saturnus (de)	Saturn (m)	[sa'turn]
Mercurius (de)	Mercur (m)	[mer'kur]
Uranus (de)	Uranus (m)	[u'ranus]
Neptunus (de)	Neptun (m)	[nep'tun]
Pluto (de)	Pluto (m)	['pluto]
Melkweg (de)	Calea (f) Lactee	['kal'a lak'tee]
Grote Beer (de)	Ursa (f) mare	['ursa 'mare]
Poolster (de)	Steaua (f) polară	['st'awa po'larə]
marsmannetje (het)	marţian (m)	[martsi'an]
buitenaards wezen (het)	extraterestru (m)	[ekstrate'restru]
bovenaards (het)	extraterestru (m)	[ekstrate'restru]
vliegende schotel (de)	farfurie (f) zburătoare	[farfu'rie zburəto'are]
ruimtevaartuig (het)	navă (f) spaţială	['navə spatsi'alə]
ruimtestation (het)	staţie (f) orbitală	['statsie orbi'talə]

start (de)	start (n)	[start]
motor (de)	motor (n)	[mo'tor]
straalpijp (de)	ajutaj (n)	[aʒu'taʒ]
brandstof (de)	combustibil (m)	[kombus'tibil]

cabine (de)	cabină (f)	[ka'binə]
antenne (de)	antenă (f)	[an'tenə]
patrijspoort (de)	hublou (n)	[hu'blou]
zonnebatterij (de)	baterie (f) solară	[bate'rie so'larə]
ruimtepak (het)	scafandru (m)	[ska'fandru]

gewichtloosheid (de)	imponderabilitate (f)	[imponderabili'tate]
zuurstof (de)	oxigen (n)	[oksi'dʒen]

koppeling (de)	unire (f)	[u'nire]
koppeling maken	a uni	[a u'ni]

observatorium (het)	observator (n) astronomic	[observa'tor astro'nomik]
telescoop (de)	telescop (n)	[tele'skop]
waarnemen (ww)	a observa	[a obser'va]
exploreren (ww)	a cerceta	[a tʃertʃe'ta]

75. De Aarde

Aarde (de)	Pământ (n)	[pə'mɨnt]
aardbol (de)	globul (n) pământesc	['globul pəmɨn'tesk]
planeet (de)	planetă (f)	[pla'netə]

atmosfeer (de)	atmosferă (f)	[atmos'ferə]
aardrijkskunde (de)	geografie (f)	[dʒeogra'fie]
natuur (de)	natură (f)	[na'turə]

wereldbol (de)	glob (n)	[glob]
kaart (de)	hartă (f)	['hartə]
atlas (de)	atlas (n)	[at'las]

Europa (het)	Europa (f)	[eu'ropa]
Azië (het)	Asia (f)	['asia]
Afrika (het)	Africa (f)	['afrika]
Australië (het)	Australia (f)	[au'stralia]

Amerika (het)	America (f)	[a'merika]
Noord-Amerika (het)	America (f) de Nord	[a'merika de nord]
Zuid-Amerika (het)	America (f) de Sud	[a'merika de sud]

Antarctica (het)	Antarctida (f)	[antark'tida]
Arctis (de)	Arctica (f)	['arktika]

76. Windrichtingen

noorden (het)	nord (n)	[nord]
naar het noorden	la nord	[la nord]

in het noorden	la nord	[la nord]
noordelijk (bn)	de nord	[de nord]

zuiden (het)	sud (n)	[sud]
naar het zuiden	la sud	[la sud]
in het zuiden	la sud	[la sud]
zuidelijk (bn)	de sud	[de sud]

westen (het)	vest (n)	[vest]
naar het westen	la vest	[la vest]
in het westen	la vest	[la vest]
westelijk (bn)	de vest	[de vest]

oosten (het)	est (n)	[est]
naar het oosten	la est	[la est]
in het oosten	la est	[la est]
oostelijk (bn)	de est	[de est]

77. Zee. Oceaan

zee (de)	mare (f)	['mare]
oceaan (de)	ocean (n)	[otʃə'an]
golf (baai)	golf (n)	[golf]
straat (de)	strâmtoare (f)	[strimto'are]

continent (het)	continent (n)	[konti'nent]
eiland (het)	insulă (f)	['insulə]
schiereiland (het)	peninsulă (f)	[pe'ninsulə]
archipel (de)	arhipelag (n)	[arhipe'lag]

baai, bocht (de)	golf (n)	[golf]
haven (de)	port (n)	[port]
lagune (de)	lagună (f)	[la'gunə]
kaap (de)	cap (n)	[kap]

atol (de)	atol (m)	[a'tol]
rif (het)	recif (m)	[re'tʃif]
koraal (het)	coral (m)	[ko'ral]
koraalrif (het)	recif (m) de corali	[re'tʃif de ko'ralʲ]

diep (bn)	adânc	[a'dink]
diepte (de)	adâncime (f)	[adin'tʃime]
diepzee (de)	abis (n)	[a'bis]
trog (bijv. Marianentrog)	groapă (f)	[gro'apə]

stroming (de)	curent (n)	[ku'rent]
omspoelen (ww)	a spăla	[a spə'la]

oever (de)	mal (n)	[mal]
kust (de)	litoral (n)	[lito'ral]

vloed (de)	flux (n)	[fluks]
eb (de)	reflux (n)	[re'fluks]
ondiepte (ondiep water)	banc (n) de nisip	[bank de ni'sip]

bodem (de)	fund (n)	[fund]
golf (hoge ~)	val (n)	[val]
golfkam (de)	creasta (f) valului	['kr'asta 'valuluj]
schuim (het)	spumă (f)	['spumə]

orkaan (de)	uragan (m)	[ura'gan]
tsunami (de)	tsunami (n)	[ʦu'nami]
windstilte (de)	timp (n) calm	[timp kalm]
kalm (bijv. ~e zee)	liniştit	[liniʃ'tit]

pool (de)	pol (n)	[pol]
polair (bn)	polar	[po'lar]

breedtegraad (de)	longitudine (f)	[londʒi'tudine]
lengtegraad (de)	latitudine (f)	[lati'tudine]
parallel (de)	paralelă (f)	[para'lelə]
evenaar (de)	ecuator (n)	[ekua'tor]

hemel (de)	cer (n)	[ʧer]
horizon (de)	orizont (n)	[ori'zont]
lucht (de)	aer (n)	['aer]

vuurtoren (de)	far (n)	[far]
duiken (ww)	a se scufunda	[a se skufun'da]
zinken (ov. een boot)	a se duce la fund	[a se duʧə l'a fund]
schatten (mv.)	comoară (f)	[komo'arə]

78. Namen van zeeën en oceanen

Atlantische Oceaan (de)	Oceanul (n) Atlantic	[oʧə'anul at'lantik]
Indische Oceaan (de)	Oceanul (n) Indian	[oʧə'anul indi'an]
Stille Oceaan (de)	Oceanul (n) Pacific	[oʧə'anul pa'ʧifik]
Noordelijke IJszee (de)	Oceanul (n) Îngheţat de Nord	[oʧə'anul inge'ʦat de nord]

Zwarte Zee (de)	Marea (f) Neagră	['mar'a n'agrə]
Rode Zee (de)	Marea (f) Roşie	['mar'a 'roʃie]
Gele Zee (de)	Marea (f) Galbenă	['mar'a 'galbenə]
Witte Zee (de)	Marea (f) Albă	['mar'a 'albə]

Kaspische Zee (de)	Marea (f) Caspică	['mar'a 'kaspikə]
Dode Zee (de)	Marea (f) Moartă	['mar'a mo'artə]
Middellandse Zee (de)	Marea (f) Mediterană	['mar'a medite'ranə]

Egeïsche Zee (de)	Marea (f) Egee	['mar'a e'dʒee]
Adriatische Zee (de)	Marea (f) Adriatică	['mar'a adri'atikə]

Arabische Zee (de)	Marea (f) Arabiei	['mar'a a'rabiej]
Japanse Zee (de)	Marea (f) Japoneză	['mar'a ʒapo'nezə]
Beringzee (de)	Marea (f) Bering	['mar'a 'bering]
Zuid-Chinese Zee (de)	Marea (f) Chinei de Sud	['mar'a 'kinej de sud]

Koraalzee (de)	Marea (f) Coral	['mar'a ko'ral]
Tasmanzee (de)	Marea (f) Tasmaniei	['mar'a tas'maniej]

Caribische Zee (de)	Marea (f) Caraibelor	['mar'a kara'ibelor]
Barentszzee (de)	Marea (f) Barents	['mar'a ba'rents]
Karische Zee (de)	Marea (f) Kara	['mar'a 'kara]

Noordzee (de)	Marea (f) Nordului	['mar'a 'norduluj]
Baltische Zee (de)	Marea (f) Baltică	['mar'a 'baltikə]
Noorse Zee (de)	Marea (f) Norvegiei	['mar'a nor'vedʒiej]

79. Bergen

berg (de)	munte (m)	['munte]
bergketen (de)	lanţ (n) muntos	[lants mun'tos]
gebergte (het)	lanţ (n) de munţi	[lants de munts]

bergtop (de)	vârf (n)	[vɨrf]
bergpiek (de)	culme (f)	['kulmə]
voet (ov. de berg)	poale (f pl)	[po'ale]
helling (de)	pantă (f)	['pantə]

vulkaan (de)	vulcan (n)	[vul'kan]
actieve vulkaan (de)	vulcan (n) activ	[vul'kan ak'tiv]
uitgedoofde vulkaan (de)	vulcan (n) stins	[vul'kan stins]

uitbarsting (de)	erupţie (f)	[e'ruptsie]
krater (de)	crater (n)	['krater]
magma (het)	magmă (f)	['magmə]

| lava (de) | lavă (f) | ['lavə] |
| gloeiend (~e lava) | încins | [ɨn'tʃins] |

kloof (canyon)	canion (n)	[kani'on]
bergkloof (de)	defileu (n)	[defi'leu]
spleet (de)	pas (n)	[pas]

| bergpas (de) | trecătoare (f) | [trekəto'are] |
| plateau (het) | podiş (n) | [po'diʃ] |

| klip (de) | stâncă (f) | ['stɨnkə] |
| heuvel (de) | deal (n) | ['d'al] |

| gletsjer (de) | ghețar (m) | [ge'tsar] |
| waterval (de) | cascadă (f) | [kas'kadə] |

| geiser (de) | gheizer (m) | ['gejzer] |
| meer (het) | lac (n) | [lak] |

vlakte (de)	şes (n)	[ʃes]
landschap (het)	peisaj (n)	[pej'saʒ]
echo (de)	ecou (n)	[e'kou]

alpinist (de)	alpinist (m)	[alpi'nist]
bergbeklimmer (de)	căţărător (m)	[kətsərə'tor]
trotseren (berg ~)	a cuceri	[a kutʃe'ri]
beklimming (de)	ascensiune (f)	[astʃensi'une]

80. Bergen namen

Alpen (de)	Alpi (m pl)	['alpʲ]
Mont Blanc (de)	Mont Blanc (m)	[mon 'blan]
Pyreneeën (de)	Pirinei (m)	[piri'nej]
Karpaten (de)	Carpaţi (m pl)	[kar'patsʲ]
Oeralgebergte (het)	Munţii (m pl) Ural	['muntsij u'ral]
Kaukasus (de)	Caucaz (m)	[kau'kaz]
Elbroes (de)	Elbrus (m)	['elbrus]
Altaj (de)	Altai (m)	[al'taj]
Tiensjan (de)	Tian-Şan (m)	['tjan 'ʃan]
Pamir (de)	Pamir (m)	[pa'mir]
Himalaya (de)	Himalaya	[hima'laja]
Everest (de)	Everest (m)	[eve'rest]
Andes (de)	Anzi	['anzʲ]
Kilimanjaro (de)	Kilimanjaro (m)	[kiliman'ʒaro]

81. Rivieren

rivier (de)	râu (n)	['rɨu]
bron (~ van een rivier)	izvor (n)	[iz'vor]
rivierbedding (de)	matcă (f)	['matkə]
rivierbekken (het)	bazin (n)	[ba'zin]
uitmonden in …	a se vărsa	[a se vər'sa]
zijrivier (de)	afluent (m)	[aflu'ent]
oever (de)	mal (n)	[mal]
stroming (de)	curs (n)	[kurs]
stroomafwaarts (bw)	în josul apei	[ɨn 'ʒosul 'apej]
stroomopwaarts (bw)	în susul apei	[ɨn 'susul 'apej]
overstroming (de)	inundaţie (f)	[inun'datsie]
overstroming (de)	revărsare (f) a apelor	[revər'sare a 'apelor]
buiten zijn oevers treden	a se revărsa	[a se revər'sa]
overstromen (ww)	a inunda	[a inun'da]
zandbank (de)	banc (n) de nisip	[bank de ni'sip]
stroomversnelling (de)	prag (n)	[prag]
dam (de)	baraj (n)	[ba'raʒ]
kanaal (het)	canal (n)	[ka'nal]
spaarbekken (het)	bazin (n)	[ba'zin]
sluis (de)	ecluză (f)	[e'kluzə]
waterlichaam (het)	bazin (n)	[ba'zin]
moeras (het)	mlaştină (f)	['mlaʃtinə]
broek (het)	mlaştină (f), smârc (n)	['mlaʃtinə], [smɨrk]
draaikolk (de)	vârtej (n) de apă	[vɨr'teʒ de 'apə]
stroom (de)	pârâu (n)	[pɨ'rɨu]

drink- (abn)	potabil	[po'tabil]
zoet (~ water)	nesărat	[nesə'rat]

ijs (het)	gheață (f)	['gⁱatsə]
bevriezen (rivier, enz.)	a îngheța	[a inge'tsa]

82. Namen van rivieren

Seine (de)	Sena (f)	['sena]
Loire (de)	Loara (f)	[lo'ara]

Theems (de)	Tamisa (f)	[ta'misa]
Rijn (de)	Rin (m)	[rin]
Donau (de)	Dunăre (f)	['dunəre]

Wolga (de)	Volga (f)	['volga]
Don (de)	Don (m)	[don]
Lena (de)	Lena (f)	['lena]

Gele Rivier (de)	Huang He (m)	[huan 'he]
Blauwe Rivier (de)	Yangtze (m)	[jants'zi]
Mekong (de)	Mekong (m)	[me'kong]
Ganges (de)	Gang (m)	[gang]

Nijl (de)	Nil (m)	[nil]
Kongo (de)	Congo (m)	['kongo]
Okavango (de)	Okavango (m)	[oka'vango]
Zambezi (de)	Zambezi (m)	[zam'bezi]
Limpopo (de)	Limpopo (m)	[limpo'po]
Mississippi (de)	Mississippi (m)	[misi'sipi]

83. Bos

bos (het)	pădure (f)	[pə'dure]
bos- (abn)	de pădure	[de pə'dure]

oerwoud (dicht bos)	desiș (n)	[de'siʃ]
bosje (klein bos)	pădurice (f)	[pədu'ritʃe]
open plek (de)	poiană (f)	[po'janə]

struikgewas (het)	tufiș (n)	[tu'fiʃ]
struiken (mv.)	arbust (m)	[ar'bust]

paadje (het)	cărare (f)	[kə'rare]
ravijn (het)	râpă (f)	['ripə]

boom (de)	copac (m)	[ko'pak]
blad (het)	frunză (f)	['frunzə]
gebladerte (het)	frunziș (n)	[frun'ziʃ]

vallende bladeren (mv.)	cădere (f) a frunzelor	[kə'dere a 'frunzelor]
vallen (ov. de bladeren)	a cădea	[a kə'dⁱa]

boomtop (de)	vârf (n)	[vɪrf]
tak (de)	ramură (f)	['ramurə]
ent (de)	creangă (f)	['krʲanɡə]
knop (de)	mugur (m)	['mugur]
naald (de)	ac (n)	[ak]
dennenappel (de)	con (n)	[kon]

boom holte (de)	scorbură (f)	['skorburə]
nest (het)	cuib (n)	[kujb]
hol (het)	vizuină (f)	[vizu'inə]

stam (de)	trunchi (n)	[trunkʲ]
wortel (bijv. boom~s)	rădăcină (f)	[rədə'ʧinə]
schors (de)	scoarţă (f)	[sko'artsə]
mos (het)	muşchi (m)	[muʃkʲ]

ontwortelen (een boom)	a defrişa	[a defri'ʃa]
kappen (een boom ~)	a tăia	[a tə'ja]
ontbossen (ww)	a doborî	[a dobo'rɨ]
stronk (de)	buturugă (f)	[butu'rugə]

kampvuur (het)	foc (n)	[fok]
bosbrand (de)	incendiu (n)	[in'ʧendju]
blussen (ww)	a stinge	[a 'stindʒe]

boswachter (de)	pădurar (m)	[pədu'rar]
bescherming (de)	protecţie (f)	[pro'tektsie]
beschermen	a ocroti	[a okro'ti]
(bijv. de natuur ~)		
stroper (de)	braconier (m)	[brako'njer]
val (de)	capcană (f)	[kap'kanə]

| plukken (vruchten, enz.) | a strânge | [a 'strɨndʒe] |
| verdwalen (de weg kwijt zijn) | a se rătăci | [a se rətə'ʧi] |

84. Natuurlijke hulpbronnen

natuurlijke rijkdommen (mv.)	resurse (f pl) naturale	[re'surse natu'rale]
delfstoffen (mv.)	bogăţii (f pl) minerale	[boɡə'tsij mine'rale]
lagen (mv.)	depozite (n pl)	[de'pozite]
veld (bijv. olie~)	zăcământ (n)	[zəkə'mɨnt]

winnen (uit erts ~)	a extrage	[a eks'tradʒe]
winning (de)	obţinere (f)	[ob'tsinere]
erts (het)	minereu (n)	[mine'reu]
mijn (bijv. kolenmijn)	mină (f)	['minə]
mijnschacht (de)	puţ (n)	['puts]
mijnwerker (de)	miner (m)	[mi'ner]

| gas (het) | gaz (n) | [gaz] |
| gasleiding (de) | conductă (f) de gaze | [kon'duktə de 'gaze] |

| olie (aardolie) | petrol (n) | [pe'trol] |
| olieleiding (de) | conductă (f) de petrol | [kon'duktə de pe'trol] |

oliebron (de)	sondă (f) de ţiţei (n)	['sondə de tsi'tsej]
boortoren (de)	turlă (f) de foraj	['turlə de fo'raʒ]
tanker (de)	tanc (n) petrolier	['tank petro'ljer]

zand (het)	nisip (n)	[ni'sip]
kalksteen (de)	calcar (n)	[kal'kar]
grind (het)	pietriş (n)	[pe'triʃ]
veen (het)	turbă (f)	['turbə]
klei (de)	argilă (f)	[ar'dʒilə]
steenkool (de)	cărbune (m)	[kər'bune]

ijzer (het)	fier (m)	[fier]
goud (het)	aur (n)	['aur]
zilver (het)	argint (n)	[ar'dʒint]
nikkel (het)	nichel (n)	['nikel]
koper (het)	cupru (n)	['kupru]

zink (het)	zinc (n)	[zink]
mangaan (het)	mangan (n)	[man'gan]
kwik (het)	mercur (n)	[mer'kur]
lood (het)	plumb (n)	[plumb]

mineraal (het)	mineral (n)	[mine'ral]
kristal (het)	cristal (n)	[kris'tal]
marmer (het)	marmură (f)	['marmurə]
uraan (het)	uraniu (n)	[u'ranju]

85. Weer

weer (het)	timp (n)	[timp]
weersvoorspelling (de)	prognoză (f) meteo	[prog'nozə 'meteo]
temperatuur (de)	temperatură (f)	[tempera'turə]
thermometer (de)	termometru (n)	[termo'metru]
barometer (de)	barometru (n)	[baro'metru]

vochtigheid (de)	umiditate (f)	[umidi'tate]
hitte (de)	caniculă (f)	[ka'nikulə]
heet (bn)	fierbinte	[fier'binte]
het is heet	e foarte cald	[e fo'arte kald]

| het is warm | e cald | [e kald] |
| warm (bn) | cald | [kald] |

| het is koud | e frig | [e frig] |
| koud (bn) | rece | ['retʃe] |

zon (de)	soare (n)	[so'are]
schijnen (de zon)	a străluci	[a strəlu'tʃi]
zonnig (~e dag)	însorit	[inso'rit]
opgaan (ov. de zon)	a răsări	[a rəsə'ri]
ondergaan (ww)	a apune	[a a'pune]

| wolk (de) | nor (m) | [nor] |
| bewolkt (bn) | înnorat | [inno'rat] |

| regenwolk (de) | nor (m) | [nor] |
| somber (bn) | mohorât | [moho'rit] |

regen (de)	ploaie (f)	[plo'ae]
het regent	plouă	['plowə]
regenachtig (bn)	ploios	[plo'jos]
motregenen (ww)	a bura	[a bu'ra]

plensbui (de)	ploaie (f) torenţială	[plo'ae toren'tsjalə]
stortbui (de)	rupere (f) de nori	['rupere de 'nori]
hard (bn)	puternic	[pu'ternik]
plas (de)	băltoacă (f)	[bəlto'akə]
nat worden (ww)	a se uda	[a se u'da]

mist (de)	ceaţă (f)	['tʃatsə]
mistig (bn)	ceţos	[tʃe'tsos]
sneeuw (de)	zăpadă (f)	[zə'padə]
het sneeuwt	ninge	['nindʒe]

86. Zwaar weer. Natuurrampen

noodweer (storm)	furtună (f)	[fur'tunə]
bliksem (de)	fulger (n)	['fuldʒer]
flitsen (ww)	a fulgera	[a fuldʒe'ra]

donder (de)	tunet (n)	['tunet]
donderen (ww)	a tuna	[a tu'na]
het dondert	tună	['tunə]

| hagel (de) | grindină (f) | [grin'dinə] |
| het hagelt | plouă cu gheaţă | ['plowə ku 'giatsə] |

| overstromen (ww) | a inunda | [a inun'da] |
| overstroming (de) | inundaţie (f) | [inun'datsie] |

aardbeving (de)	cutremur (n)	[ku'tremur]
aardschok (de)	zguduire (f)	[zgudu'ire]
epicentrum (het)	epicentru (m)	[epi'tʃentru]

| uitbarsting (de) | erupţie (f) | [e'ruptsie] |
| lava (de) | lavă (f) | ['lavə] |

wervelwind (de)	vârtej (n)	[vɨr'teʒ]
windhoos (de)	tornadă (f)	[tor'nadə]
tyfoon (de)	taifun (n)	[taj'fun]

orkaan (de)	uragan (m)	[ura'gan]
storm (de)	furtună (f)	[fur'tunə]
tsunami (de)	tsunami (n)	[tsu'nami]

cycloon (de)	ciclon (m)	[tʃi'klon]
onweer (het)	vreme (f) rea	['vreme ria]
brand (de)	incendiu (n)	[in'tʃendju]
ramp (de)	catastrofă (f)	[katas'trofə]

meteoriet (de)	meteorit (m)	[meteo'rit]
lawine (de)	avalanşă (f)	[ava'lanʃe]
sneeuwverschuiving (de)	prăbuşire (f)	[prəbu'ʃire]
sneeuwjacht (de)	viscol (n)	['viskol]
sneeuwstorm (de)	viscol (n)	['viskol]

FAUNA

87. Zoogdieren. Roofdieren

roofdier (het)	**prădător** (n)	[prədə'tor]
tijger (de)	**tigru** (m)	['tigru]
leeuw (de)	**leu** (m)	['leu]
wolf (de)	**lup** (m)	[lup]
vos (de)	**vulpe** (f)	['vulpe]
jaguar (de)	**jaguar** (m)	[ʒagu'ar]
luipaard (de)	**leopard** (m)	[leo'pard]
jachtluipaard (de)	**ghepard** (m)	[ge'pard]
panter (de)	**panteră** (f)	[pan'terə]
poema (de)	**pumă** (f)	['pumə]
sneeuwluipaard (de)	**ghepard** (m)	[ge'pard]
lynx (de)	**râs** (m)	[rɨs]
coyote (de)	**coiot** (m)	[ko'jot]
jakhals (de)	**şacal** (m)	[ʃa'kal]
hyena (de)	**hienă** (f)	[hi'enə]

88. Wilde dieren

dier (het)	**animal** (n)	[ani'mal]
beest (het)	**animal** (n) **sălbatic**	[ani'mal səl'batik]
eekhoorn (de)	**veveriță** (f)	[veve'ritsə]
egel (de)	**arici** (m)	[a'ritʃi]
haas (de)	**iepure** (m)	['jepure]
konijn (het)	**iepure** (m) **de casă**	['jepure de 'kasə]
das (de)	**bursuc** (m)	[bur'suk]
wasbeer (de)	**enot** (m)	[e'not]
hamster (de)	**hârciog** (m)	[hɨr'tʃiog]
marmot (de)	**marmotă** (f)	[mar'motə]
mol (de)	**cârtiță** (f)	['kɨrtitsə]
muis (de)	**şoarece** (m)	[ʃo'aretʃe]
rat (de)	**şobolan** (m)	[ʃobo'lan]
vleermuis (de)	**liliac** (m)	[lili'ak]
hermelijn (de)	**hermină** (f)	[her'minə]
sabeldier (het)	**samur** (m)	[sa'mur]
marter (de)	**jder** (m)	[ʒder]
wezel (de)	**nevăstuică** (f)	[nevəs'tujkə]
nerts (de)	**nurcă** (f)	['nurkə]

| bever (de) | castor (m) | ['kastor] |
| otter (de) | vidră (f) | ['vidrə] |

paard (het)	cal (m)	[kal]
eland (de)	elan (m)	[e'lan]
hert (het)	cerb (m)	[ʧerb]
kameel (de)	cămilă (f)	[kə'milə]

bizon (de)	bizon (m)	[bi'zon]
wisent (de)	zimbru (m)	['zimbru]
buffel (de)	bivol (m)	['bivol]

zebra (de)	zebră (f)	['zebrə]
antilope (de)	antilopă (f)	[anti'lopə]
ree (de)	căprioară (f)	[kəprio'arə]
damhert (het)	ciută (f)	['ʧiutə]
gems (de)	capră (f) neagră	['kaprə 'nʲagrə]
everzwijn (het)	mistreţ (m)	[mis'treʦ]

walvis (de)	balenă (f)	[ba'lenə]
rob (de)	focă (f)	['fokə]
walrus (de)	morsă (f)	['morsə]
zeebeer (de)	urs (m) de mare	[urs de 'mare]
dolfijn (de)	delfin (m)	[del'fin]

beer (de)	urs (m)	[urs]
ijsbeer (de)	urs (m) polar	[urs po'lar]
panda (de)	panda (m)	['panda]

aap (de)	maimuţă (f)	[maj'muʦə]
chimpansee (de)	cimpanzeu (m)	[ʧimpan'zeu]
orang-oetan (de)	urangutan (m)	[urangu'tan]
gorilla (de)	gorilă (f)	[go'rilə]
makaak (de)	macac (m)	[ma'kak]
gibbon (de)	gibon (m)	[dʒi'bon]

olifant (de)	elefant (m)	[ele'fant]
neushoorn (de)	rinocer (m)	[rino'ʧer]
giraffe (de)	girafă (f)	[dʒi'rafə]
nijlpaard (het)	hipopotam (m)	[hipopo'tam]

| kangoeroe (de) | cangur (m) | ['kangur] |
| koala (de) | koala (f) | [ko'ala] |

mangoest (de)	mangustă (f)	[man'gustə]
chinchilla (de)	şinşilă (f)	[ʃin'ʃilə]
stinkdier (het)	sconcs (m)	[skonks]
stekelvarken (het)	porc (m) spinos	[pork spi'nos]

89. Huisdieren

poes (de)	pisică (f)	[pi'sikə]
kater (de)	motan (m)	[mo'tan]
paard (het)	cal (m)	[kal]

| hengst (de) | armăsar (m) | [arməˈsar] |
| merrie (de) | iapă (f) | [ˈjapə] |

koe (de)	vacă (f)	[ˈvakə]
bul, stier (de)	taur (m)	[ˈtaur]
os (de)	bou (m)	[ˈbou]

schaap (het)	oaie (f)	[oˈae]
ram (de)	berbec (m)	[berˈbek]
geit (de)	capră (f)	[ˈkaprə]
bok (de)	ţap (m)	[ʦap]

| ezel (de) | măgar (m) | [məˈgar] |
| muilezel (de) | catâr (m) | [kaˈtɨr] |

varken (het)	porc (m)	[pork]
biggetje (het)	purcel (m)	[purˈʧel]
konijn (het)	iepure (m) de casă	[ˈjepure de ˈkasə]

| kip (de) | găină (f) | [gəˈinə] |
| haan (de) | cocoş (m) | [koˈkoʃ] |

eend (de)	raţă (f)	[ˈratsə]
woerd (de)	răţoi (m)	[rəˈtsoj]
gans (de)	gâscă (f)	[ˈgɨskə]

| kalkoen haan (de) | curcan (m) | [kurˈkan] |
| kalkoen (de) | curcă (f) | [ˈkurkə] |

huisdieren (mv.)	animale (n pl) domestice	[aniˈmale doˈmestiʧe]
tam (bijv. hamster)	domestic	[doˈmestik]
temmen (tam maken)	a domestici	[a domestiˈʧi]
fokken (bijv. paarden ~)	a creşte	[a ˈkreʃte]

boerderij (de)	fermă (f)	[ˈfermə]
gevogelte (het)	păsări (f pl) de curte	[pəsərʲ de ˈkurte]
rundvee (het)	vite (f pl)	[ˈvite]
kudde (de)	turmă (f)	[ˈturmə]

paardenstal (de)	grajd (n)	[graʒd]
zwijnenstal (de)	cocină (f) de porci	[koˈʧinə de ˈporʧi]
koeienstal (de)	grajd (n) pentru vaci	[ˈgraʒd ˈpentru ˈvaʧi]
konijnenhok (het)	cuşcă (f) pentru iepuri	[ˈkuʃkə ˈpentru ˈepurʲ]
kippenhok (het)	coteţ (n) de găini	[koˈtets de gəˈinʲ]

90. Vogels

vogel (de)	pasăre (f)	[ˈpasəre]
duif (de)	porumbel (m)	[porumˈbel]
mus (de)	vrabie (f)	[ˈvrabie]
koolmees (de)	piţigoi (m)	[piʦiˈgoj]
ekster (de)	coţofană (f)	[koʦoˈfanə]
raaf (de)	corb (m)	[korb]
kraai (de)	cioară (f)	[ʧioˈarə]

| kauw (de) | stancă (f) | ['stankə] |
| roek (de) | cioară (f) de câmp | [tʃio'arə de 'kɨmp] |

eend (de)	rață (f)	['ratsə]
gans (de)	gâscă (f)	['giskə]
fazant (de)	fazan (m)	[fa'zan]

arend (de)	acvilă (f)	['akvilə]
havik (de)	uliu (m)	['ulju]
valk (de)	şoim (m)	[ʃojm]
gier (de)	vultur (m)	['vultur]
condor (de)	condor (m)	[kon'dor]

zwaan (de)	lebădă (f)	['lebədə]
kraanvogel (de)	cocor (m)	[ko'kor]
ooievaar (de)	cocostârc (m)	[kokos'tɨrk]

papegaai (de)	papagal (m)	[papa'gal]
kolibrie (de)	pasărea (f) colibri	['pasərʲa ko'libri]
pauw (de)	păun (m)	[pə'un]

struisvogel (de)	struț (m)	[struts]
reiger (de)	stârc (m)	[stɨrk]
flamingo (de)	flamingo (m)	[fla'mingo]
pelikaan (de)	pelican (m)	[peli'kan]

| nachtegaal (de) | privighetoare (f) | [privigeto'are] |
| zwaluw (de) | rândunică (f) | [rɨndu'nikə] |

lijster (de)	mierlă (f)	['merlə]
zanglijster (de)	sturz-cântător (m)	[sturz kɨntə'tor]
merel (de)	mierlă (f) surǎ	['merlə 'surə]

gierzwaluw (de)	lăstun (m)	[ləs'tun]
leeuwerik (de)	ciocârlie (f)	[tʃiokɨr'lie]
kwartel (de)	prepeliță (f)	[prepe'litsə]

specht (de)	ciocănitoare (f)	[tʃiokənito'are]
koekoek (de)	cuc (m)	[kuk]
uil (de)	bufniță (f)	['bufnitsə]
oehoe (de)	buha mare (f)	['buhə 'mare]
auerhoen (het)	cocoş (m) de munte	[ko'koʃ de 'munte]

| korhoen (het) | cocoş (m) sălbatic | [ko'koʃ səlba'tik] |
| patrijs (de) | potârniche (f) | [potɨr'nike] |

spreeuw (de)	graur (m)	['graur]
kanarie (de)	canar (m)	[ka'nar]
hazelhoen (het)	găinuşă de alun (f)	[gəi'nuʃə de a'lun]

| vink (de) | cinteză (f) | [tʃin'tezə] |
| goudvink (de) | botgros (m) | [bot'gros] |

meeuw (de)	pescăruş (m)	[peskə'ruʃ]
albatros (de)	albatros (m)	[alba'tros]
pinguïn (de)	pinguin (m)	[pigu'in]

91. Vis. Zeedieren

brasem (de)	plătică (f)	[plə'tikə]
karper (de)	crap (m)	[krap]
baars (de)	biban (m)	[bi'ban]
meerval (de)	somn (m)	[somn]
snoek (de)	ştiucă (f)	['ʃtjukə]
zalm (de)	somon (m)	[so'mon]
steur (de)	nisetru (m)	[ni'setru]
haring (de)	scrumbie (f)	[skrum'bie]
atlantische zalm (de)	somon (m)	[so'mon]
makreel (de)	macrou (n)	[ma'krou]
platvis (de)	cambulă (f)	[kam'bulə]
snoekbaars (de)	şalău (m)	[ʃa'ləu]
kabeljauw (de)	batog (m)	[ba'tog]
tonijn (de)	ton (m)	[ton]
forel (de)	păstrăv (m)	[pəs'trəv]
paling (de)	ţipar (m)	[tsi'par]
sidderrog (de)	peşte-torpilă (m)	['peʃte tor'pilə]
murene (de)	murenă (f)	[mu'renə]
piranha (de)	piranha (f)	[pi'ranija]
haai (de)	rechin (m)	[re'kin]
dolfijn (de)	delfin (m)	[del'fin]
walvis (de)	balenă (f)	[ba'lenə]
krab (de)	crab (m)	[krab]
kwal (de)	meduză (f)	[me'duzə]
octopus (de)	caracatiţă (f)	[kara'katitsə]
zeester (de)	stea de mare (f)	[st'a de 'mare]
zee-egel (de)	arici de mare (m)	[a'ritʃi de 'mare]
zeepaardje (het)	căluţ (m) de mare (f)	[ka'luts de 'mare]
oester (de)	stridie (f)	['stridie]
garnaal (de)	crevetă (f)	[kre'vetə]
kreeft (de)	stacoj (m)	[sta'koʒ]
langoest (de)	langustă (f)	[lan'gustə]

92. Amfibieën. Reptielen

slang (de)	şarpe (m)	['ʃarpe]
giftig (slang)	veninos	[veni'nos]
adder (de)	viperă (f)	['viperə]
cobra (de)	cobră (f)	['kobrə]
python (de)	piton (m)	[pi'ton]
boa (de)	şarpe (m) boa	['ʃarpe bo'a]
ringslang (de)	şarpe (m) de casă	['ʃarpe de 'kasə]

| ratelslang (de) | şarpe (m) cu clopoţei | ['ʃarpe ku klopo'tsej] |
| anaconda (de) | anacondă (f) | [ana'kondə] |

hagedis (de)	şopârlă (f)	[ʃo'pɨrlə]
leguaan (de)	iguană (f)	[igu'anə]
varaan (de)	şopârlă (f)	[ʃo'pɨrlə]
salamander (de)	salamandră (f)	[sala'mandrə]
kameleon (de)	cameleon (m)	[kamele'on]
schorpioen (de)	scorpion (m)	[skorpi'on]

schildpad (de)	broască (f) ţestoasă	[bro'askə tsesto'asə]
kikker (de)	broască (f)	[bro'askə]
pad (de)	broască (f) râioasă	[bro'askə rɨjo'asə]
krokodil (de)	crocodil (m)	[kroko'dil]

93. Insecten

insect (het)	insectă (f)	[in'sektə]
vlinder (de)	fluture (m)	['fluture]
mier (de)	furnică (f)	[fur'nikə]
vlieg (de)	muscă (f)	['muskə]
mug (de)	ţânţar (m)	[tsɨn'tsar]
kever (de)	gândac (m)	[gɨn'dak]

wesp (de)	viespe (f)	['vespe]
bij (de)	albină (f)	[al'binə]
hommel (de)	bondar (m)	[bon'dar]
horzel (de)	tăun (m)	[tə'un]

| spin (de) | păianjen (m) | [pə'janʒen] |
| spinnenweb (het) | pânză (f) de păianjen | ['pɨnzə de pə'janʒen] |

libel (de)	libelulă (f)	[libe'lulə]
sprinkhaan (de)	greier (m)	['greer]
nachtvlinder (de)	fluture (m)	['fluture]

kakkerlak (de)	gândac (m)	[gɨn'dak]
teek (de)	căpuşă (f)	[kə'puʃə]
vlo (de)	purice (m)	['puritʃe]
kriebelmug (de)	musculiţă (f)	[musku'litsə]

treksprinkhaan (de)	lăcustă (f)	[lə'kustə]
slak (de)	melc (m)	[melk]
krekel (de)	greier (m)	['greer]
glimworm (de)	licurici (m)	[liku'ritʃi]
lieveheersbeestje (het)	buburuză (f)	[bubu'ruzə]
meikever (de)	cărăbuş (m)	[kərə'buʃ]

bloedzuiger (de)	lipitoare (f)	[lipito'are]
rups (de)	omidă (f)	[o'midə]
aardworm (de)	vierme (m)	['verme]
larve (de)	larvă (f)	['larvə]

FLORA

94. Bomen

boom (de)	copac (m)	[ko'pak]
loof- (abn)	foios	[fo'jos]
dennen- (abn)	conifer	[koni'fere]
groenblijvend (bn)	veşnic verde	['veʃnik 'verde]
appelboom (de)	măr (m)	[mər]
perenboom (de)	păr (m)	[per]
zoete kers (de)	cireş (m)	[tʃi'reʃ]
zure kers (de)	vişin (m)	['viʃin]
pruimelaar (de)	prun (m)	[prun]
berk (de)	mesteacăn (m)	[mes'tʲakən]
eik (de)	stejar (m)	[ste'ʒar]
linde (de)	tei (m)	[tej]
esp (de)	plop tremurător (m)	['plop tremurə'tor]
esdoorn (de)	arţar (m)	[ar'tsar]
spar (de)	brad (m)	[brad]
den (de)	pin (m)	[pin]
lariks (de)	zadă (f)	['zadə]
zilverspar (de)	brad (m) alb	['brad 'alb]
ceder (de)	cedru (m)	['tʃedru]
populier (de)	plop (m)	[plop]
lijsterbes (de)	sorb (m)	[sorb]
wilg (de)	salcie (f)	['saltʃie]
els (de)	arin (m)	[a'rin]
beuk (de)	fag (m)	[fag]
iep (de)	ulm (m)	[ulm]
es (de)	frasin (m)	['frasin]
kastanje (de)	castan (m)	[kas'tan]
magnolia (de)	magnolie (f)	[mag'nolie]
palm (de)	palmier (m)	[palmi'er]
cipres (de)	chiparos (m)	[kipa'ros]
mangrove (de)	manglier (m)	[mangli'jer]
baobab (apenbroodboom)	baobab (m)	[bao'bab]
eucalyptus (de)	eucalipt (m)	[euka'lipt]
mammoetboom (de)	secvoia (m)	[sek'voja]

95. Heesters

struik (de)	tufă (f)	['tufə]
heester (de)	arbust (m)	[ar'bust]

| wijnstok (de) | viță (f) de vie | ['vitsə de 'vie] |
| wijngaard (de) | vie (f) | ['vie] |

frambozenstruik (de)	zmeură (f)	['zmeurə]
rode bessenstruik (de)	coacăz (m) roşu	[ko'akəz 'roʃu]
kruisbessenstruik (de)	agriş (m)	[a'griʃ]

acacia (de)	salcâm (m)	[sal'kɨm]
zuurbes (de)	lemn (m) galben	['lemn 'galben]
jasmijn (de)	iasomie (f)	[jaso'mie]
jeneverbes (de)	ienupăr (m)	[je'nupər]
rozenstruik (de)	tufă (f) de trandafir	['tufə de tranda'fir]
hondsroos (de)	măceş (m)	[mə'ʧeʃ]

96. Vruchten. Bessen

appel (de)	măr (n)	[mər]
peer (de)	pară (f)	['parə]
pruim (de)	prună (f)	['prunə]
aardbei (de)	căpşună (f)	[kəp'ʃunə]
zure kers (de)	vişină (f)	['viʃinə]
zoete kers (de)	cireaşă (f)	[ʧi'rʲaʃə]
druif (de)	struguri (m pl)	['strugurʲ]

framboos (de)	zmeură (f)	['zmeurə]
zwarte bes (de)	coacăză (f) neagră	[ko'akəzə 'nʲagrə]
rode bes (de)	coacăză (f) roşie	[ko'akəzə 'roʃie]
kruisbes (de)	agrişă (f)	[a'griʃə]
veenbes (de)	răchiţele (f pl)	[rəki'tsele]

sinaasappel (de)	portocală (f)	[porto'kalə]
mandarijn (de)	mandarină (f)	[manda'rinə]
ananas (de)	ananas (m)	[ana'nas]
banaan (de)	banană (f)	[ba'nanə]
dadel (de)	curmală (f)	[kur'malə]

citroen (de)	lămâie (f)	[lə'mie]
abrikoos (de)	caisă (f)	[ka'isə]
perzik (de)	piersică (f)	['pjersikə]
kiwi (de)	kiwi (n)	['kivi]
grapefruit (de)	grepfrut (n)	['grepfrut]

bes (de)	boabă (f)	[bo'abə]
bessen (mv.)	fructe (n pl) de pădure	['frukte de pə'dure]
vossenbes (de)	merişor (m)	[meri'ʃor]
bosaardbei (de)	frag (m)	[frag]
blauwe bosbes (de)	afină (f)	[a'finə]

97. Bloemen. Planten

| bloem (de) | floare (f) | [flo'are] |
| boeket (het) | buchet (n) | [bu'ket] |

roos (de)	trandafir (m)	[tranda'fir]
tulp (de)	lalea (f)	[la'lʲa]
anjer (de)	garoafă (f)	[garo'afə]
gladiool (de)	gladiolă (f)	[gladi'olə]

korenbloem (de)	albăstrea (f)	[albəs'trʲa]
klokje (het)	clopoţel (m)	[klopo'ʦel]
paardenbloem (de)	păpădie (f)	[pəpə'die]
kamille (de)	romaniţă (f)	[roma'niʦə]

aloë (de)	aloe (f)	[a'loe]
cactus (de)	cactus (m)	['kaktus]
ficus (de)	ficus (m)	['fikus]

lelie (de)	crin (m)	[krin]
geranium (de)	muşcată (f)	[muʃ'katə]
hyacint (de)	zambilă (f)	[zam'bilə]

mimosa (de)	mimoză (f)	[mi'mozə]
narcis (de)	narcisă (f)	[nar'ʧisə]
Oost-Indische kers (de)	condurul-doamnei (m)	[kon'durul do'amnej]

orchidee (de)	orhidee (f)	[orhi'dee]
pioenroos (de)	bujor (m)	[bu'ʒor]
viooltje (het)	toporaş (m)	[topo'raʃ]

driekleurig viooltje (het)	pansele (f)	[pan'sele]
vergeet-mij-nietje (het)	nu-mă-uita (f)	[nu mə uj'ta]
madeliefje (het)	margaretă (f)	[marga'retə]

papaver (de)	mac (m)	[mak]
hennep (de)	cânepă (f)	['kinepə]
munt (de)	mentă (f)	['mentə]

| lelietje-van-dalen (het) | lăcrămioară (f) | [ləkrəmjo'arə] |
| sneeuwklokje (het) | ghiocel (m) | [gio'ʧel] |

brandnetel (de)	urzică (f)	[ur'zikə]
veldzuring (de)	măcriş (m)	[mə'kriʃ]
waterlelie (de)	nufăr (m)	['nufər]
varen (de)	ferigă (f)	['ferigə]
korstmos (het)	lichen (m)	[li'ken]

oranjerie (de)	seră (f)	['serə]
gazon (het)	gazon (n)	[ga'zon]
bloemperk (het)	strat (n) de flori	[strat de 'florʲ]

plant (de)	plantă (f)	['plantə]
gras (het)	iarbă (f)	['jarbə]
grasspriet (de)	fir (n) de iarbă	[fir de 'jarbə]

blad (het)	frunză (f)	['frunzə]
bloemblad (het)	petală (f)	[pe'talə]
stengel (de)	tulpină (f)	[tul'pinə]
knol (de)	tubercul (m)	[tu'berkul]
scheut (de)	mugur (m)	['mugur]

doorn (de)	ghimpe (m)	['gimpe]
bloeien (ww)	a înflori	[a inflo'ri]
verwelken (ww)	a se ofili	[a se ofe'li]
geur (de)	miros (n)	[mi'ros]
snijden (bijv. bloemen ~)	a tăia	[a tə'ja]
plukken (bloemen ~)	a rupe	[a 'rupe]

98. Granen, graankorrels

graan (het)	grăunțe (n pl)	[grə'untse]
graangewassen (mv.)	cereale (f pl)	[ʧere'ale]
aar (de)	spic (n)	[spik]

tarwe (de)	grâu (n)	['griu]
rogge (de)	secară (f)	[se'karə]
haver (de)	ovăz (n)	[ovəz]
gierst (de)	mei (m)	[mej]
gerst (de)	orz (n)	[orz]

maïs (de)	porumb (m)	[po'rumb]
rijst (de)	orez (n)	[o'rez]
boekweit (de)	hrişcă (f)	['hriʃkə]

erwt (de)	mazăre (f)	['mazəre]
nierboon (de)	fasole (f)	[fa'sole]
soja (de)	soia (f)	['soja]
linze (de)	linte (n)	['linte]
bonen (mv.)	boabe (f pl)	[bo'abe]

LANDEN VAN DE WERELD

99. Landen. Deel 1

Afghanistan (het)	Afganistan (n)	[afganis'tan]
Albanië (het)	Albania (f)	[al'banija]
Argentinië (het)	Argentina (f)	[arʒen'tina]
Armenië (het)	Armenia (f)	[ar'menia]
Australië (het)	Australia (f)	[au'stralia]
Azerbeidzjan (het)	Azerbaidjan (m)	[azerbaj'dʒan]
Bahama's (mv.)	Insulele (f pl) Bahamas	['insulele ba'hamas]
Bangladesh (het)	Bangladeş (m)	[bangla'deʃ]
België (het)	Belgia (f)	['beldʒia]
Bolivia (het)	Bolivia (f)	[bo'livia]
Bosnië en Herzegovina (het)	Bosnia şi Herţegovina (f)	['bosnia ʃi hertsego'vina]
Brazilië (het)	Brazilia (f)	[bra'zilia]
Bulgarije (het)	Bulgaria (f)	[bul'garia]
Cambodja (het)	Cambodgia (f)	[kam'bodʒia]
Canada (het)	Canada (f)	[ka'nada]
Chili (het)	Chile (n)	['tʃile]
China (het)	China (f)	['kina]
Colombia (het)	Columbia (f)	[ko'lumbia]
Cuba (het)	Cuba (f)	['kuba]
Cyprus (het)	Cipru (n)	['tʃipru]
Denemarken (het)	Danemarca (f)	[dane'marka]
Dominicaanse Republiek (de)	Republica (f) Dominicană	[re'publika domini'kanə]
Duitsland (het)	Germania (f)	[dʒer'manija]
Ecuador (het)	Ecuador (m)	[ekua'dor]
Egypte (het)	Egipt (n)	[e'dʒipt]
Engeland (het)	Anglia (f)	['anglija]
Estland (het)	Estonia (f)	[es'tonia]
Finland (het)	Finlanda (f)	[fin'landa]
Frankrijk (het)	Franţa (f)	['frantsa]
Frans-Polynesië	Polinezia (f)	[poli'nezia]
Georgië (het)	Georgia (f)	['dʒordʒia]
Ghana (het)	Ghana (f)	['gana]
Griekenland (het)	Grecia (f)	['gretʃia]
Groot-Brittannië (het)	Marea Britanie (f)	['marʲa bri'tanie]
Haïti (het)	Haiti (n)	[ha'iti]
Hongarije (het)	Ungaria (f)	[un'garia]
Ierland (het)	Irlanda (f)	[ir'landa]
IJsland (het)	Islanda (f)	[is'landa]
India (het)	India (f)	['india]
Indonesië (het)	Indonezia (f)	[indo'nezia]

Irak (het)	Irak (n)	[i'rak]
Iran (het)	Iran (n)	[i'ran]
Israël (het)	Israel (n)	[isra'el]
Italië (het)	Italia (f)	[i'talia]

100. Landen. Deel 2

Jamaica (het)	Jamaica (f)	[ʒa'majka]
Japan (het)	Japonia (f)	[ʒa'ponia]
Jordanië (het)	Iordania (f)	[jor'dania]
Kazakstan (het)	Kazahstan (n)	[kazah'stan]
Kenia (het)	Kenia (f)	['kenia]
Kirgizië (het)	Kîrgîzstan (m)	[kîrgîz'stan]
Koeweit (het)	Kuweit (n)	[kuve'it]

Kroatië (het)	Croaţia (f)	[kro'atsia]
Laos (het)	Laos (n)	['laos]
Letland (het)	Letonia (f)	[le'tonia]
Libanon (het)	Liban (n)	[li'ban]
Libië (het)	Libia (f)	['libia]
Liechtenstein (het)	Liechtenstein (m)	[lihten'ʃtajn]
Litouwen (het)	Lituania (f)	[litu'ania]

Luxemburg (het)	Luxemburg (m)	[luksem'burg]
Macedonië (het)	Macedonia (f)	[matʃe'donia]
Madagaskar (het)	Madagascar (n)	[madagas'kar]
Maleisië (het)	Malaezia (f)	[mala'ezia]
Malta (het)	Malta (f)	['malta]
Marokko (het)	Maroc (n)	[ma'rok]
Mexico (het)	Mexic (n)	['meksik]

Moldavië (het)	Moldova (f)	[mol'dova]
Monaco (het)	Monaco (m)	[mo'nako]
Mongolië (het)	Mongolia (f)	[mon'golia]
Montenegro (het)	Muntenegru (m)	[munte'negru]
Myanmar (het)	Myanmar (m)	[mjan'mar]
Namibië (het)	Namibia (f)	[na'mibia]
Nederland (het)	Ţările de Jos (f pl)	['tsərile de ʒos]

Nepal (het)	Nepal (n)	[ne'pal]
Nieuw-Zeeland (het)	Noua Zeelandă (f)	['nowa zee'landə]
Noord-Korea (het)	Coreea (f) de Nord	[ko'rea de 'nord]
Noorwegen (het)	Norvegia (f)	[nor'vedʒia]
Oekraïne (het)	Ucraina (f)	[ukra'ina]
Oezbekistan (het)	Uzbekistan (n)	[uzbeki'stan]
Oostenrijk (het)	Austria (f)	[a'ustrija]

101. Landen. Deel 3

Pakistan (het)	Pakistan (n)	[paki'stan]
Palestijnse autonomie (de)	Palestina (f)	[pales'tina]
Panama (het)	Panama (f)	[pana'ma]

Paraguay (het)	Paraguay (n)	[paragu'aj]
Peru (het)	Peru (n)	['peru]
Polen (het)	Polonia (f)	[po'lonia]
Portugal (het)	Portugalia (f)	[portu'galia]
Roemenië (het)	România (f)	[rominia]

Rusland (het)	Rusia (f)	['rusia]
Saoedi-Arabië (het)	Arabia (f) Saudită	[a'rabia sau'ditə]
Schotland (het)	Scoţia (f)	['skoʦia]
Senegal (het)	Senegal (n)	[sene'gal]
Servië (het)	Serbia (f)	['serbija]
Slovenië (het)	Slovenia (f)	[slo'venia]
Slowakije (het)	Slovacia (f)	[slo'vaʧia]
Spanje (het)	Spania (f)	['spania]

Suriname (het)	Surinam (n)	[suri'nam]
Syrië (het)	Siria (f)	['sirija]
Tadzjikistan (het)	Tadjikistan (m)	[tadʒiki'stan]
Taiwan (het)	Taiwan (m)	[taj'van]
Tanzania (het)	Tanzania (f)	[tan'zania]
Tasmanië (het)	Tasmania (f)	[tas'mania]
Thailand (het)	Thailanda (f)	[taj'landa]

Tsjechië (het)	Cehia (f)	['ʧehija]
Tunesië (het)	Tunisia (f)	[tu'nisia]
Turkije (het)	Turcia (f)	['turʧia]
Turkmenistan (het)	Turkmenistan (n)	[turkmeni'stan]
Uruguay (het)	Uruguay (n)	[urugu'aj]
Vaticaanstad (de)	Vatican (m)	[vati'kan]
Venezuela (het)	Venezuela (f)	[venezu'ela]
Verenigde Arabische Emiraten	Emiratele (n pl) Arabe Unite	[emi'ratele a'rabe u'nite]

Verenigde Staten van Amerika	Statele (n pl) Unite ale Americii	['statele u'nite 'ale a'meriʧij]
Vietnam (het)	Vietnam (n)	[viet'nam]
Wit-Rusland (het)	Belarus (f)	[bela'rus]
Zanzibar (het)	Zanzibar (n)	[zanzi'bar]
Zuid-Afrika (het)	Africa de Sud (f)	['afrika de sud]
Zuid-Korea (het)˙	Coreea (f) de Sud	[ko'rea de 'sud]
Zweden (het)	Suedia (f)	[su'edia]
Zwitserland (het)	Elveţia (f)	[el'veʦia]